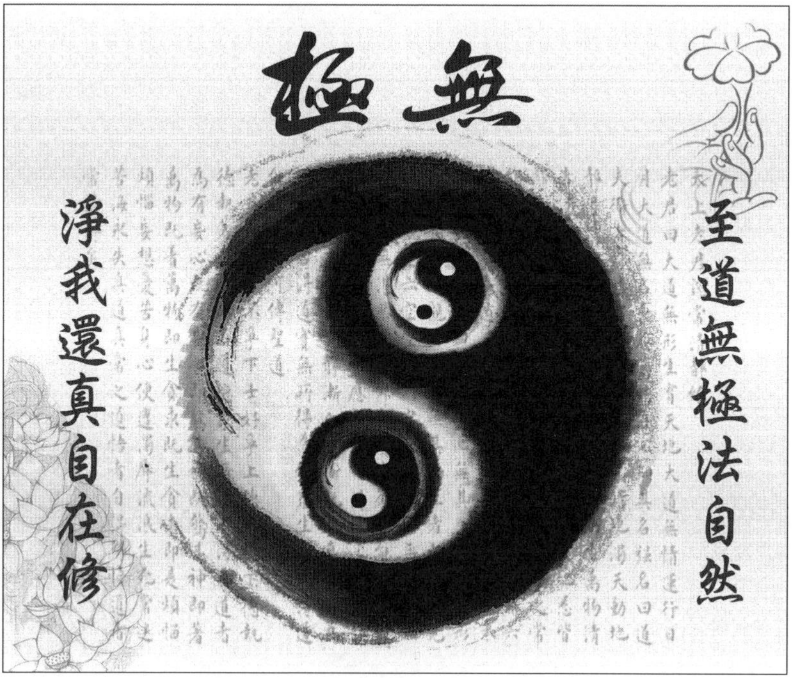

（本圖已註冊著作權，請勿自行引用）

心靈勵志55

人間修行（六）擺渡者與外靈渡化

正接神尊

莫林桑 著

博客思出版社

【目次】

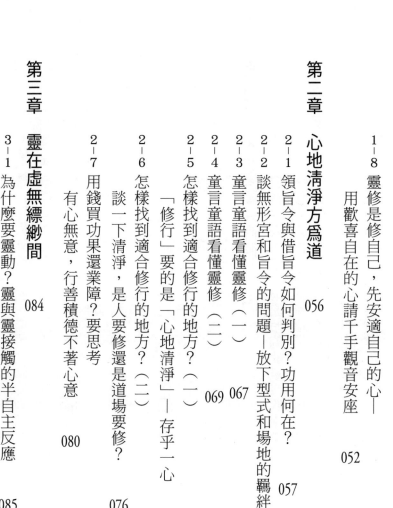

第四章 天光雲影共徘徊 124

第六章 一簑煙雨任平生—擺渡與代言 200

序文　靈修「正接神尊」的概念　為什麼要正接神尊？

「正向能量」是「神尊」的定義

對於神尊的概念

之前我們界定「神佛」是正向提升的能量體。能量若水，可以依容器形質而變化成各種形狀，祂是一種精神力的凝聚，各能量團依其個別特質而展現各種樣貌形態，肉眼或許看不到，但具天眼者或用靈識去感受，有的人能看見無形世界如有形一樣真實，但醫學上則以幻聽幻覺視之，但因為絕大部分的人是沒有這種能力可以看到，所以有此能力的人就被視為異類。明理者尊重個人特殊能力，一般人還是欠缺接受此特殊能力所得到的結果的雅量。

對於代言人而言，傳統乩身有一套養成的程序跟訓乩過程，這是看得見的訓練模式，一般人對於看不見的事情，總是抱持懷疑的態度，尤其是對靈修成為靈乩或通靈者，總有一種算是鄙夷或是自卑的角度在看，又有一種好像認為是不勞而獲的不屑，認為靈乩通靈不是正統訓練模式出來的，接的不是神尊，又很會卡外靈，又好像可以接很多神尊，就好像公車一樣，是不可取不可信任的。

通靈人更能直接判別是接神尊或眾生

其實坊間也是很多人都會質疑乩童是不是正乩？是不是正神降駕？對於靈乩或通靈是否有接神尊，更是懷疑，乩童則是看降幾分乩，其實一般人很難判斷，是不是神駕有來？是不是正神降駕？因為絕大部分的人是看不到無形，也感應不到祂。

但是對於具有通靈體質的通靈人，不管可以對談或是看到，其實對於是神尊還是其他眾生來接觸的判別是無庸置疑的，問題在於「自稱通靈」的人，到底「通」到甚麼程度？感應到甚麼程度？有的人會講靈語會靈動就認為自己通靈了，有的是可以感應，有的是直接看到，直接接收，直接對話，所以對於代言的準確性就有差別。

所以一個傳統的乩身養成模式跟一個靈修者的學習是不同的，靈修者是透過自己靈的覺醒，然後慢慢與神尊接觸，不管打坐靈動講天語寫天文，都是在打坐中逐次學習，並與神尊做交流，而後熟悉神尊的模式與代言的模式跟風格。有人說帶天命，其實每個人都有天命，天命是天賦與你的使命，只是每個人使命不同，那是不是有代天宣化，弘揚神威的使命，就不是每個人都會有的。

先天通靈的顯性與隱性

其實我們講帶天命應該是指帶有代天宣化的使命的靈，這種靈大都具有通靈的能力，但是這種先天通靈又有分顯性及隱性，顯性的從小就顯露出來，有的可以看到眾生，有的就可以看到神尊顯像，這又有分背地卦跟天卦（做地元跟天元工作的分別），那隱性的通常在長大後，透過事件的磨練或有緣人指引進入修行後開啟靈覺，然後接上神尊的因緣，這種大都有因緣可以成為代言人，就看「人」是否有正確的觀念？是否正心正念願意接受這個使命，否則也是會錯過這個因緣。

那有些先天修行的靈，靈質並未達到可以通靈的程度，這世來還是要透過修行來累積自己的靈量跟功德力，所以要透過靜坐修行開啟靈覺，進入靈修，然後與先天靈源神尊接軌。我們人一般的教育都只是在太極白（俗世所謂的善）的這方灌輸觀念，去教育，很少人能理解並教導認識太極黑（所謂的惡）存在的必要性。其實所有接觸的事件都是中性，靈也是黑白都有，修行過程也是中性，有苦有樂有好有壞，即使在靈修的過程中，所接觸的靈也是，有正向有負向能量，有神就有鬼（眾生），神會來，眾生就可能會來，所以要讓你學甚麼？

其實人生的過程跟修行的過程一樣，就是「選擇」而已。選擇哪一個法門來修，不適合了也是選擇去跟留，或是再選擇其他法門。在修行中也是會有苦有樂，有喜悅，有試煉，自己一再的做選擇。所以在靈修過程中，神會來教，魔也想要來收為部眾，眾生也會要來依附，你的選擇是甚麼？既然是要修，你要選擇正向的提升，還是負向能量的逆增加，所謂道高一尺，魔高一丈，神力是修，魔力也是一種修，只是結局會不同，你能如何判斷和選擇？

接神或接眾生也是一個選擇而已

所以接神或接魔是一種選擇，至於眾生或許談不上修，但是會干擾，你又將如何選擇？畢竟一般還是比較接受我們可以預見的「神的結局」，正向能量是一個可以持續快樂的做法，可以避免掉不愉快的結局，可以避免令人痛苦的後遺症。所以大部分人還是做正向的修行。至於正向，當然就會偏向於向神尊學習，向自然之道學習。要向神尊學習，當然最好的方式，就是多跟神尊接觸，接受神尊的精神跟能量。

靈修是一個正向提升的修行

修行要提升的是自己，要學習的是神尊的精神跟自然之道的領悟，甚至要成為神尊宣化的代言人或靈導師，或是領道傳道者，你更要清楚神尊的精神跟悟道的歷程，因此唯有正接神尊才能深入傳道宣化代言，才能秉持初衷，不為外緣或世俗利益所影響而偏頗。眾生跟魔是修行歷程的助緣，是讓你心路成長，學會辨識黑白正負及如何學會對待、運用逆增上緣的過程，是讓你理解太極黑的存在，也是讓你可以校正自己修行方向的標竿參考點。

靜坐、靈動、天語、轉靈是正接神尊的必要功課

所以為什麼要正接神尊？神尊是無形師，是一個精神指標：

一個是如果我們要為神尊代言，那在修行過程中，不管靜坐、靈動、天語……，都要以神尊為依歸。

二是可以接收神尊的正能量，讓自己正向思維更穩固。

三是可以此為準據，判別是否為正向能量的接觸。

四是可以透過神尊的接觸，排除負向能量。

五是在修行過程中，接收神尊各種能力及形式的教導。

六是在修行歷程中熟悉與神尊接觸的各種狀況與感受，可與其他修者對照的助緣。

如果要做為一個有形師，更要以神尊為依歸，更要親炙受教於神尊。

一般人總把代言看的很神聖，一定要在宮廟，一定要神尊降駕，其實你在生活中悟透一個人生道理，可以就這個道理廣為宣化，可不可以解他人之苦？行善救苦是一種慈悲，也是代言，當然效果會因人而異，看每個人的功德力。但修者很多都不知道要如何與神尊接觸，而認為自己本靈就很厲害，已經可以行功立德，但是往往就是分不清是神是眾生，這是比較危險的。

第一章 身在人間好修圓

1—1 認識一下「靈修體質」—明白的走自己的修行路

坊間很多傳統乩身宮壇，修道法、術數者一直視靈修為旁門左道，卻又無法深入了解，然後以傳統術數宮廟的認知觀點來評斷靈修，導致產生很多靈修的病毒說法，讓不了解者對靈修的自然反應現象產生誤解，而不敢去做這些靈與自然能量接觸後所反應的動作，不敢接觸靈修，導致體內能量的調節出現狀況，產生身體上的問題，但在醫學上卻又查不出原因，著實令人困擾，這當中又以靈語，靈文，靈動，轉靈，唱文最常被拿來作文章。

會走進靈修，最直接的「驅動程式」來自於敏感體質，或稱靈異體質，我們稱它做「靈修體質」好了，這種體質不是每個人都有，最常見的情形是可以看到異次元空間的神尊及無形眾生，能看到並與無形眾生接觸溝通，一般我們稱為「背地卦」或「背地令」，陰陽眼是只能看到眾生，但是背地卦的人卻能實際看到，聽到，還能溝通，甚至還可以幫祂們協調、傳言並渡化處理和預知事情，而且十分準確，背地卦的人透過辦事渡化修行，最後也會接「天卦」，即所謂天地卦一起，那就神事鬼事都能處理，這個才是真正的通天地鬼神。接天地卦的人真的可以達到天文地理都通嗎？當然這要看師尊是那位神尊，不同神尊所教的專長就不同，而隨著修行的成長，會有更多的神尊來教，而教導的神尊的位階也越來越高，當然，無形的物事如果要對一般人講，就需要能驗證對照，一般人才會相信。

那說到靈修體質現象，比較常聽到的就是晚上睡覺作夢，常會莫名奇妙地夢到神明來說事情，或是靈會被帶出去辦事，平時常會感應神尊，到某尊神尊的廟，或看到某神尊法像會莫名的喜悅、辛酸、感動、流淚或大哭，有的會不自主的舞動，流眼油，到廟裡或看到神尊會頻頻哈欠，會莫名其妙聽到異度空間中的聲音，現實生活中會莫名其妙有人來找你訴苦說心裡話，問你事情，你也莫名的會有答案。另外夜夢有另一個現象，常夢到神佛來交代事情，帶靈去遊歷辦事，告知未來事件的顯像，而夢境也常在現實生活中發生，這也是比較成熟的靈修體質現象。如果能進入與神尊接觸的修行，有的就會有機緣為神尊代言，一般常會恐懼的是被引導去做乩童，事實上這種體質會直接進入的是靈乩或成為通靈人，而靈修的先天靈還有一個更大的特色，就是喜歡清淨，不喜歡嘈雜的人和環境。

靈修的現象常會被誤導，最常被導入的就是不在宮廟靜坐容易走火入魔，其實宮廟本身的清淨度是需要被考慮的，還有主持者的心念也是，通常靈修體質的人對地方的氣場（人、地、神靈）也是很敏感的，舒適與否會很清楚，沒有適合的地方，在家靜坐自修反而清淨。那很多靈修者在修行過程中會被自然啟靈，然後也會進入靈語靈文的學習，或進入靈動，轉靈，唱文的階段，很多人都被灌輸錯誤觀念，認為不要講靈語、開靈文或是靈動唱文，當然主要原因也是有些假靈修者搞些玄奇古怪的事情，然後有些不合乎禮節的行為所給人的印象，其實這些很容易被看穿。真正的靈修者是安定穩重的，一個經常淨心靜坐的人，是莊重沉穩的，心態是很篤定的，神尊更是自然合度重禮節，這在真正靈修者的靈動中都會展現，很容易判別，要修行要做真正的「行者」，所以古代稱修行人是稱為「行者」，修行修行著重在「行」，要走靈修這條路要有認知，要學神尊自然合度，顯現神尊的威儀。

那很多人就被灌輸不要靈動不要說靈語，然後戲謔稱唱文為演歌仔戲，嘲笑轉靈，靈動等等，甚至有些修行宮廟道場更明訂不能靈動，其實講明白一點，也不是你想要靈動就能靈動，你要唱文就能唱文的，而有靈修體質的人其實已經感應到神尊的能量，已經要靈動，可以講靈語了，卻被誤導限制或自我壓抑的不敢動不敢講，造成身體壓力，這個叫做被門外漢陷害了，沒有靈修體質的人根本進不了這種與神尊互動的狀態，根本不知道靈語、靈動、靈唱學習的目的跟作用，也不會知道唱文的效用，那他們訕笑，批評，甚至惡意攻擊是甚麼原因？是捍衛傳統嗎？是維護宗教秩序嗎？多少有點害怕被取代和酸葡萄的心理吧，心裡清楚就好。

其實所有科技能量的進化都趨向簡單易操作，遙控器發明了，你還會去電視機前按鍵一個一個按嗎？你會拿個板凳去按冷氣開關嗎？車子構造很複雜，開車只要啟動、踩油門、剎車的簡單操作；功能複雜化了，操作簡單化了，科技公司工廠都是機械化，自動化，能做的事情更多，產量更多，但是操作就只有幾個按鍵而已，操作簡化是趨勢，無法擋。靈乩在處理有形無形眾生或與神尊溝通是簡單又明確，通靈人更是簡化，效率更高，這是靈修代言辦事的特色，當然你會做到甚麼程度跟你投入跟信任神尊的程度有關。

那你有靈修體質，在一般宮廟大概會把這種靈修體質的現象當成「卡陰」比較多，不是祖先問題就是牌位、祖墳，要不就是家裡地理風水有問題，要不就是冤親債主及因果問題，處理了又沒甚麼作用，也因而耽誤了修行功課，又被告知不要亂跑宮廟，不要靈動，結果身體壓力來了，這樣也不舒服，那樣也痛，到醫院檢查也沒有個所以然，有的說道業病，有的說靈光病，結果就誕生了所謂的靈療師，其實哪需要靈療師，自己知道有這種體質，甘願跟神尊接觸，開始靜坐進入心靈澄靜的層次就好了，不要擔心害怕。靈修接觸的神尊不會要你做乩童，操五寶的，也沒有要你一定要開宮濟世，你有願就渡化，沒有願就清修，但是當你感應到了，該靜坐該靈動該說靈語唱文，功課都要做，這是你的感應，也是靈的感應，是靈的功課，該做就做，有疑問，要找對地方求教。

那批評者主要也常拿靈語靈文聽不懂做理由，其實靈文靈語是你不懂，但有人懂，靈動動甚麼也有人懂，不接觸靈修的人告訴你不要做你就不敢做，但是功課沒做是你的問題，沒有提升是你的問題，講的人又不用負責任的，結果甘苦的只有你自己知道，那要問你為甚麼不相信自己靈覺，去聽信不負責任的人的話？很多人進入靈修又退出去的，很多是沒有體質又只求神通的，當你知道一個東西好用，你會不去用它嗎？你知道遙控器方便，你還會跑到電器面前跟它哈腰嗎？在靈修不是你修多久的問題，有人強調他接觸靈修二十年三十年？認識靈修多久是沒有用的，關鍵在你有沒有相信神尊，有沒有靜心修行，有沒有深入體會祂的好，有沒有善用你的體質，有沒有悟道？你在修端正自己的心念言行，還是只想求神通感應？當你深入知道而且懂靈修的的種種作用和好處，你怎會排斥，怎會離開？

有靈修體質的人是沒辦法逃避的，有很多人轉往佛教基督教躲避，但現在基督教也有靈修體質現象，也有靈修修行的派別了，只是接觸的神尊不一樣，要做的事情是一樣的。但是，通常你是那些神尊座下的弟子，大都會在這個因緣下修，教授的師尊不會只有一位，而是在不同的進程中會有不同的神尊教導傳授各樣的能力，所以神尊的因緣不是單一，接收傳達能力越強，越多神尊會來教。很多乩童概念的人，也會以神尊入體的觀念來批評，認為很多神尊來教就像是公車，任何人都可以坐，各個神尊來都可以入體借體，很亂，或是男神尊不入女體，其實這都是錯誤的觀念，因為靈修沒有入體借體的情形，只有靈接靈駕的現象，靈乩也不會完全借體，通靈更是沒有借體的問題，更不用擔心。

靈修修行只是把自己的心性品質朝向神尊的精神方向走而已，要有神尊渡化的精神和開闊接受的心量，眼界多高，世界就有多開闊，不要被人言是非所左右，堅信自己與神尊的感應和因緣。靈語／靈動／轉靈／唱文是神尊交代靈修的功課，有靈修體質的人都有機會經歷，正視它只是靈修的一個環節，有的有，有的無，不必執著在意，也沒甚麼可炫耀的，記住，所有的進步都趨向簡單操作，充實自己內涵，做足功課，簡單操作才是靈修的本質。

1—2 修行要拜師嗎？—無師要怎麼走修行路？

很多人都感嘆修行路難走，一路走來很辛苦，到處都是考關，一關又一關，所以到處求到處拜，到處找明師，而到處拜神到處找老師，結果還是迷迷茫茫，甚至身心疲憊又傷痕累累，只能感嘆——無奈啊！

為什麼做一件事情會覺得難？那是因為不懂，不熟悉，不了解，不接觸，所以覺得很難，又接觸了以後無法找到好老師，所以就難上加難，心裡更加惶恐，懷疑，甚至害怕而退卻。為什麼會這樣？這樣不是形成一個惡性循環了嗎？永遠走不出自己的路來，其實這種現象的主要原因則來自於要修行的心念不單純跟把修行複雜化，帶領的人心思不單純，為了誇示自己的能力，把原來簡單的方式複雜化了，所以跟隨的人團團轉，最後還是不懂。

所以修行到底要怎麼走，自己很迷惘，又找不到可以引導的老師，那要怎麼走修行路？很多人都執著於要找一個宮廟或要找一個老師跟著習修，心裡才踏實，這是人以為有形有質的人事物才是真實，也都想說我要計劃好，才不會走錯，我要等準備好再來走，這是一般人的想法，想要一次就把它做好，要「一次到位」的思維，這是一個很大的阻礙。

既然是修行，沒有錯誤哪來修正？全部都對就不用修了，所以沒有所謂錯誤的事情，只有要讓你修正的事情，修行要把執著「對／錯」的概念拿掉，它只是讓你知道不適當，讓你有學習跟修正的機會，這個修正就是讓你成長的契機，所以人生都是考關嗎？還是都是成長的契機？那為什麼你進步不了？因為思維沒有改變，言行沒有修正，沒有把心靜下來懺悔修正，而靈的成長也就停滯了，所以生活關關是考。「修行」只是把生活中的種種困難阻礙，想辦法解決，讓自己不要陷在痛苦的狀態而已。很單純的在生活中把自己過好，學會過生活的智慧罷了。人生就像打電動遊戲，本來就有種種關卡，你要學會過關，沒有關卡就不成遊戲了，過不去了再重來，再學再問，直到學會過關為止，但就要學會千萬不要讓自己卡住當機就好。

很多人都把修行概念複雜化也都實體化了，要學很多法門，練各種功法，學各種儀式，求法求道求術求神通，這是「做學問」不是修行，做學問必須要拜師，要拜有形師，是因為學的這些是「人為」的學問，是個人領悟的智慧與經驗的傳承，所以你必須要「拜師買學問」，人的學問只會越積越多，越來越複雜，如果再加上傳承的人沒有正心念，那就有很多人為操作的空間，只會讓人越來越迷惘。所以修行要跳脫學問的學習，要回到「心的修養」層面，所以佛教各種法門最終要回到「禪」的思維，要回到「淨土」的修法，因為就是回歸簡單，回歸到心的純淨，歸結就是一個「空性」的境地。

至於靈修的敏感體質都是與生俱來的，其實不用「啟靈」也會顯現出來，啟靈只是把能量的進出口再擴大，設立控制閥，幫助靈體把能量的接收釋放的能力跟控管能力增強，而不會隨外界能量變化而受干擾，一般人修行都汲汲營營於這種能力的開發，而忘卻自己身心靈的和諧，所以靈力進步了，但身心能量還有思維跟不上，心的作用太大，就發生偏差，最後阻礙了「靈」的發展，還是要打落凡塵的。

那靈與神的接觸都是無形，一般人都以無形為不真實，所以有很多的質疑甚至不屑，其實這都是個人的認知，並不會影響靈與神的溝通，每個靈都有祂的守護神和有原來教導的師尊，每個靈接收師尊來教的天文地理人世智慧都不同，那要學習靈的學問，師尊是累世的師尊，其實不用拜師，師尊一直都是你的師尊，你沒啟靈祂也在守護你教你，你不認識祂，祂也是一直在守護你教你，因為是無形的學習，所以你必須靜下心來感受，所以要靜坐，要淨化自己的心跟靈，當你還不知道自己主神跟師尊時，不用急著點靈認主，因為你沒讓自己靈的感應力增強，即使點了認了，你依舊懷疑，何不自己靜下心來，讓靈學習和主神或師尊做另類接觸。

其實靈動和轉靈是一個很好的修養和調整自己身心靈的方式，在打坐靈動中，學天文，寫文疏，學符令，都是在這個過程當中自然學習，領旨領令，禮敬無形師，拜師的動作也都會在靈動中自然完成。那既然無形師一直都在，為什麼有些人還會被無形師指定要做拜師的儀式？一個部分是人心未降伏，人的心難調難伏，心猿意馬，拜師只是師尊要人降伏自心，一個是要人去驗證師尊的能量，一個是讓人以有形的儀式把心踏實，讓心把師徒的關係更確立，所以師尊有時候還是會指定某人要拜師，為什麼?被指定拜師，這時候你就要知道，是師尊的關愛，還有告訴你，你的心要安定下來了。

那神尊要你拜師到底要你學些甚麼？是通靈力嗎？還是符法？還是地理風水？還是各種陣式？其實這些都在日常做功課當中學習了，是在靜坐／靈動中自然學習，所以除了日常生活中「心」的修行之外，靈的學習都在靜坐／靈動／靈語／轉靈中自然而然的修，這些靈的功課都要做，會限制你靈動講靈語的所在，你的靈終將告訴你必須離開，因為靈被禁錮壓抑了，很自然讓你產生不想去的感覺，不是地方不好，是去了不適合「靈」修行的地方。

那師尊要你拜師，難道會要你放下既有的生活一心一意去走宮廟祀奉神尊嗎？會有這樣想法的是人的思維，神尊亦師亦親亦友，祂會關心你的事業，家庭跟修行區塊，祂就是來幫你把家庭生活顧好，把事業做起來，神尊也會明確引領你把做不好的地方做修正，因為這樣你才能放心修行，才會越修越好，才真的有能力來祀奉祂，也才能顯現祂們的威神力，所以因為修行而放下家庭事業於不顧，這就不是跟神修了。靈來借肉體修行，每一條靈每一個人，都是獨立自主的個體，不管人事神事都要受到尊重，神尊要的是一個身心靈的圓滿。那修行（靈修）會產生不好的結果，其實就是人心被引導偏差了，所以產生很多不良的後遺症，如果修行要修到沒家沒業，那誰敢修？如果修行「拜人為師」，甚至走修的地方會影響到你對家庭事業的照顧，這種人師跟場所就要小心謹慎了。

那拜有形師需要很多銀兩跟拜師禮，因為那是人的能力經驗智慧累積，是人付出時間，心力跟金錢的學習所得，你拿錢買的是人家的智慧，使用者付費是合理的。那靈修拜無形師需要花大筆錢嗎？神尊要的是你生活中修行改正的心以及禮敬跟甘願祀奉神尊的心，是一個心意的表現，是對於宮廟道場的護持的心跟對代言人的感謝禮敬而已，神尊並不會開天價要你拜師。所以當有這種情形發生時，就是人為的操作，自己就要有所警覺了，但通常這時候會很難警醒，因為你把對神尊的敬意轉嫁到主持拜師的人身上去了，因為你沒弄清楚是「拜人為師」還是「拜神為師」。

靈修通常是跟著自己主神跟師尊修，「人」即使是代言人（最好是有代言人來應證）只是引導而已，所有神尊的學問人是沒辦法教的，你只能靜下心來跟神接觸。能找到心念單純的宮廟跟代言人是修行的福氣。

以下是一月廿六日師兄拜師（一〇七年），神尊指示的文疏，供大家參考，看一下拜師的精神與作用。

◆李師兄的拜師文：（師尊來是對台語）

十八欉香來手捧起，武聖帝君是帶子對，
玉玄案旨阿入宮池，大施拜禮是求師旨，
朝旨鴻鈞來令千渡，三清案旨是令下鋪，
借伊阿帝君帶子路，順照案旨是冕君祖，
奉香令案啟，借伊今日蹄，拜師心堅齊，
願意忠義來心捧開，照達為師是玉玄旨，
借伊紅圓阿要呈美，乎我家中是三分甜，
借伊冕君台，奉香令叩解，冕旨朝師拜，
奉旨來案香令傳渡，望照我子欵心肝簿，
勇敢來實際踏出步，家中周圓是望你顧，
這擔欵重擔，望你心堅持，
道令對案是玉玄旨，
函啟靈山是今叩天，母娘伴子是入宮池，
過往阿這段冤枉欵代誌，從此放水是要送離，

重新要開始，我兒心堅持，道令應對是玉玄池，
函啟詔令是順旗步，尨某共心來乾坤助，
借伊是玉玄冕君度，這支大刀是送你鋪，
詔令鴻開旗下排，借伊大刀是弄起來，
乎你江湖是實際踏出來，
應定家中是三分愛，奉板詔旨令傳渡，
借伊今日是拜師祖，重新師徒共心鋪，
倚定玉玄是冕君鋪。

拜師時來見證加持的神尊有：鴻鈞老祖／三清道祖／母娘
李師兄的師尊（主神）是關聖帝君，所以是帝君帶徒來向玉玄宮玉皇上帝及眾神朝拜。

◆師尊的期勉：

1. 放下過去冤枉路的怨懟。
2. 把帝君忠義的心發揮出來。

3.藉紅圓禮拜神尊，讓家中甜美和諧。
4.希望師兄勇敢走出過去，把家照顧周圓。
5.顧家顧業的重擔，要堅持承擔起來。
6.修行重新來過，要順應師尊的安排（順旗步）踏實的做。
7.夫妻（尪某）要共心，自會得天地的助力。
8.要把大刀弄起來，就是期勉要堅定信心把家庭事業在發揮，也要幫助帝君把濟世的工作發揮起來，心中要有願有愛。
9.藉今日拜師，重新建立師徒共心的認知。

所以到底修行要修甚麼？文是師姐傳唱上稟後，從錄影中將文寫出來的。神尊的諄諄告誨，還是家庭／事業／道業的發展，把人修好，把家把事業顧好，跟神尊一同濟世助人的心要堅定。

有人一直對靈文傳唱有不同的看法，藉此讓大家了解靈文傳唱不是只是勸修或提醒要回母娘處那麼膚淺，它還是辦事時的無紙文疏。

1—3 靈修收圓的概念—圓滿／踏實的人間修行

剛開始踏入靈修的路，其實很簡單就是打坐／靈動／靈語，一年去會個二次三次靈，很單純的與神尊接觸，後來上了網路，看到很多靈修或宗教社團，才知道自己的情形是所謂的靈修，再來又看到個甚麼「靈山」派，才知道靈修修行原來這麼複雜？其實不知道靈修或不懂何為靈山派，也沒有影響我跟神尊接觸的契合，反而在看到網路一些對靈山的批評，對靈修一些狀況的非議言論，我想，不被影響的的應該很少，還好自己是親身跟神尊接觸的體驗，也慶幸自己簡單的走過來，神尊也一直眷顧，讓我感受神尊的能量與威神力，確信自己該走的修行路。

其實靈山分幾派，淵源在哪裡，有那麼重要嗎？就像有人急於要認主、點靈一樣，靈修修行是自己本靈對神尊的學習，各有各的主和各自的任務，開啟靈覺以後是無形師在教，通靈的能力是你與神尊的契合，還有你本身自己的修為能量，你的心性純淨與否，這種能力不是透過人的學習或是老師教你甚麼法門而可以達到，很多自小開啟靈覺的，並沒有人師的問題，那人師也一定要在無形師的引導之下，才有辦法對靈做調整或協助，這並不是一門「人」的學問，這是一個自我要求自制自律的靈的修行。

再來就是所謂末法或是甚麼旗甚麼末劫的講法，那到底是甚麼期或什麼旗，要影響你甚麼？你有甚麼能力可以改變甚麼？你能做的又是甚麼？要復古收圓，復那個古？收甚麼圓？好像很高深，遙不可及，到底要怎麼辦？

其實不管甚麼期甚麼劫，都跟你沒關係，你能做的就是把自己修好而已，修行路沒有捷徑，你心裡很急也沒有辦法馬上達到濟世救世的程度，反而先濟自己救自己才是實在，先把自己從摸不著邊際的虛無縹緲中拉回，先把自己從對修行的迷惘中踏實才是實際。

所以要收圓，如何收？收圓只是一個「把事情圓滿」的概念，今天要做的事今天有沒有把它圓滿，要一個月時程的，要一季的，要一年的，你逐次把人事物圓滿了，那就是在收圓，你的功課有沒有做，沒有做把他補滿來，一時補不起來就稟告或安排在一個時間內把它完成，那就是在收圓。任務該做該完成的，修行該做的功課（稟文、唱文、靈動……），在一定時程內把他圓滿完成，然後向無形師稟告，就是在做圓滿的動作，每一個小的收圓，累積成大的能量，大的圓滿，最後才能圓滿回到靈源處，修行只有踏實走每一步，做每一件功課，不管儒／

釋／道／密／基督都是一樣的過程。

回到簡單修自己的修行路，做好自己每一步的收圓才能復古，宗教只是在聚眾，對無神無宗教認同或認知的人，宗教是一樣的，佛批密道，道批儒佛，基督批佛道，都是一樣，真正修行要回到省視自己內心的開闊包容與謙卑度的成長，收圓是從每一個走過的歷程的圓滿開始，沒宗教一樣在做自我心性的修行，沒有文字障礙或儀軌羈絆反而可以大自在。

影片是神尊對修行者的期許與勉勵，也是對一年修行成果的收圓，不管靈修或靈山，靈的成長是不能停頓的，靈語稟文唱文靈動都不可少，少了就不圓滿，沒辦法收圓的。沒收圓會有靈體緊張壓迫的現象，功課做完收圓就好了。

◆影片唱文內容（神尊是以台語對話）

2月9日師姐的年度收圓，師尊勉勵文

奉板旗開令詔台，嬌嬌女兒入宮愛
九天玄女伴妳在，手捧清香今對改
望借玉玄旗下旨，為我今年要收圓（一年的收圓）

借伊無形朝天威，奉板令詔旗下對
一請千手觀音台，鳳令詔旨蓮花開
順令案旨令叩改，女兒入宮七星拜
順天降旨令下渡，地母伴的女兒來入宮肚（入宮內的意思）
函詔令開旗下鋪，借伊今年收圓助
函啟令詔寸旗開，借伊手卷文疏令呈台
三張文函詔天背（揹），奉令降旨是玉玄台
望借無形師調旗渡，師徙共心道令鋪
望借女兒精進補，日日靜坐旗下鋪
詔啟奉掛旗令在，借伊瑤池金母來旗降開
順詔令威覆軍台，旗轉玉玄是無形台
順詔案旨令傳渡，丁酉年旬詔卦鋪
一借總文呈雙堵，望借手庫是家中三分好
朝令奉旨令傳台，函詔令啟為妳再進台
朝旨案令鴻鈞揹，令借玉皇令降台

一聲玉皇爸令傳旨，為調女兒是無形來體身開
函詔令開先天旗號對，以此圓滿為妳總呈開

師姐靈主和師尊不是只有一個

所以主神是九天玄女伴師姐進宮，
師尊是先請千手觀音，後再請地母，然後是瑤池金母。
所以點靈認主，你要自己有感應才是，在稟文唱文中，師尊都已經確認。
那借鴻鈞老祖的見證，在玉皇公正的案台前，來調整師姐的福令和功課的圓滿。
（觀看影片請用題目搜尋FB社團－如是道生命能量研修協會）

1－4 修行是否一定要有宗教信仰？

吳師兄：
請教修行一定要接觸神佛，念經打坐嗎？一定要有宗教信仰？常聽日常生活

便是修行，做好自已，遠離神佛，師兄有何看法。

莫林桑：

我們說修行修行，主要是修正自己觀念言行，把自己的品格修養達到一定水準，讓自己行事無礙無悔，讓人喜歡親近我們，這是一定的，修就是把自己好的、善的因緣建立起來，讓自己可以時時都是喜悅的，可以不慍不怒不嗔，可以轉化自己面對人事物的態度都是和顏悅色，但是是有智慧處理問題的。我想這也是各個宗教法門要達到人的修為的主要目的，只是宗教多了一個系統做法跟明確目的地來吸引人群進入那個團體。

對自己言行舉止觀念的修正並不一定需要神佛或是宗教，在中國也有很多思想哲學家並不在宗教之內。以修身齊家的修行，儒家思想就很足夠了，儒家思想主要在修人，那如果特別強調說要遠離神佛，主要原因應該是怕被人假借神佛名義所利用或沉迷於神佛的神通力而失去智慧判斷的能力，沒有判斷保護能力時，當然要敬鬼神而遠之，這是人的因素，並非神佛不能親近或是有甚麼可怕。

但是當進入修行以後，神佛的因緣常常是不請自來，畢竟靈的區塊非人所能主宰，重點還是人要自己正心念去接收感應，不要迷於神通的追求，或聽信人說的遙不可及的神話而把自己搞亂掉，所以對於聽到有關人對神佛的敘述，要培養判斷的能力，道理是天地人都通的，要去分辨所說的現象合不合道理？有沒有可能這樣？有沒有可以驗證的方法？

修行還是要以修自己為本，不管是靈修或佛道修行，然後要禮敬神佛，慢慢去驗證神佛的能量和教導，思考神尊所要教的精神在那裡，以神尊的精神實踐為依歸，而不是以神通力為主要目的，精神是一種很強大的能量，可用來提升加強修自己的能量，以神的精神標準來檢測並輔助自己的修行方向，作為準則很重要。尤其是靈修，說要遠離神佛是不可能的，只有調整自己對神佛看待的角度，自己怎樣拿捏？禮敬神佛而不盲信神通，這也是修行的一部分，重要的是不要被別人以神佛名義架著走。

靈修是開闊的，不管儒釋道密或基督回教或無神論，只要有人就有靈，靈的修行是回到根源的修行，沒有宗教一樣在修行，打坐是共用的方法，是一個代表的說詞，要的是進入沉靜的境界，行住坐臥跪伏都可以進入此境界，重點是把人心收伏。

1－5 靈修修行有甚麼用？通靈有甚麼用？

有關於靈修修行跟通靈，這個因緣從何而來，實在很難去驗證，為什麼有的人可以感應接收，而有的人打坐了二、三十年仍舊沒有任何進展或說跟神尊有所感應。常有師兄姐問我，為什麼打坐那麼久了還是不動如山，有甚麼方法可以很快跟神尊感應？那「學」通靈要多久？

目前我可以了解的是，通靈不是用學的，通靈是先天體質加上後天修行修出來的，可以看到可以聽到無形的音聲或形狀，還要會跟他們溝通才是真正通，那打坐為什麼不能感應，坊間常以身心靈做區分，應該是「心」沒放空，「想要」怎樣怎樣的心的意念一直沒放下，那個「想要」是人的意念，有念想，心就有作用，靈的作用就被壓抑，所以很多派門都有教打坐，但都以意役氣，以意役身，就是用意念來觀想，來導引身上的氣，所以心的作用無法放下，這在靈修上是一個很大的障礙。你要「觀」－自在，那個「觀」的作用在，就很難自在，因為觀「世音」是要聞聲救苦，要留意人世間的苦難及相求的音聲，所以是有目的有作用在的，那「靈」要如何運作？只有去修到心靈合一，如心如靈，「人神」或「人靈」能夠統合，你就是你的靈，你的靈就是你的狀態，還沒達到心靈合一，那就打坐要練習放空，先熟悉「靈」的作用，慢慢使心靈合一去互相感應。

通靈是沒辦法求的，只有修，通靈要能通鬼神，通人（讀心），不是先天體質或因緣的，只有利用時間讓自己靜心，有先天體質或是祖源有為神尊辦事的，通常靈質都比較清，比較有因緣可以通。後天願力的修行，只有苦修，需要長時間，坊間有教通靈或開啟靈覺的，自己要學會分辨，不要陷溺其中，心念要正，只能通鬼就要再認真修，那如果生活意外而能通靈的，大都不是神尊通而是鬼通，自己要小心在意，把持住心性的修為，還可以有成。

靈是可以超越人的時間空間的，所以神尊斷事，可以查跨越時空上的因緣。有人問通靈要幹甚麼？其實問這個通常就是沒有通靈，或沒接觸過真正通靈的人的問題。

一般宮廟服務，替神尊辦事，大家都以很玄奇的眼光看待，看的不是神尊，而是這個通靈人或乩童，其實「有神」才是辦事的根本，不管通靈或乩童或扶鸞，基本上都是與神尊搭上線，那一般通靈人比較自在，可以到處遊走，一個工作室就可以工作了，有的自己有工作有本業，與神尊共事，只是單純協同神尊辦事，為人解憂解惑；有的就是專職領神尊的薪水，工作範圍就很廣，這是個人發心不同，領神尊薪水的，薪水就是從來問事、來辦事或需要除障的信眾所隨緣功德或收取的費用來，所以要付費的，自己要詢問清楚，雙方合意才做，不然你可以自己尋求其他單純為神尊做事的，或是自己請教神尊。至於付費了有沒有效果，還是沒付費的效果也不錯，這時就要判斷，個人也要承擔，到底自己找人找對了沒有？

其實，宮廟乩童問事可以說是民間的心理諮商，很多人其實只是希望有一個信仰，有一個寄託，在徬徨時，神尊可以做靠山，幫忙背書確認，有事時可以有神詢問，加強自己的決策信心。但有時候神尊的指示，由於乩童代言方式的關係，並沒辦法很深入或讓請示者自己可以清楚了解，所以靈乩興起，言談比較自在，問事說理的深度比較強。靈乩已經有通靈的現象了，但真的靈媒通靈的方式又更自由，甚至直接跟神尊對談，查過去未來，建議會更明確。

所以通靈者可以隨緣渡化，隨處渡化，那通靈能做甚麼？當然可以是個人的心理諮商師，也可以是企業的經營顧問，包括資產、事業體等，當然資產包括聘僱的主管、員工等等用人決事的狀況的諮商。當然，有形的問題，人有專業知識跟技術，無形的問題則需要通靈人來溝通協調，還有對於這個無形的平行世界能量的取用，更需要通靈人來調和。至於受到無形界的干擾的問題，能看到無形可以跟無形界溝通，當然處理起來比較踏實，無法看到無形界的物事，只是憑藉感覺跟經驗及傳統術法，當然會有確認上及效果上的差異。

通靈真的要有神尊的因緣，在還沒這種能力前不能急也不要急，好好修自己心性，好好累積自己靈量，累積自己的能量，求也沒用，急也沒用，越急就離道越遠。

1－6 靈修與會靈的真相？讓神尊來引導你，提升你

一〇八年二月十七日玉皇降示

靈修的修行是以神尊的方式來引導，把心降伏下來，透過基本功的練習，透過打坐，把心安定下來的一種習修。透過心的安定來讓靈穩定，慢慢在打坐的練習中，把與各個神尊接觸的靈脈接清楚來，不管母娘，觀音或太子等等，要一個一個慢慢接收清楚。若底子不夠，功德力不足，想要隨緣渡化或要去引渡眾生，就很容易會去承擔別人的業力。靈修是透過神的教導，而不是人來教，要自己慢

慢接觸吸收，然後去印證，當與神心領神會了，會有一種莫名的肯定跟感動。靈若穩定了，不一定會要靈動，心穩定靈安定了，神尊來了就能夠去感應去接收，這就是在會靈，靈來神去，處之泰然，練就一個平常心，就是在修行。

「會靈」是很自然的狀態，跟神尊有感應，就去反應感應到的動作語言，沒有感應就老實接受沒有感應的現象，不要有接到神尊給的能量、訊息，因為人為說法觀感的影響而去控制不動作，沒有感應也不要人為的意識去做靈動，反而妨害自己的修行，所以不管在家自修，在宮共修或出門去他宮會靈，其實就是在跟神尊打招呼而已。

◆爲什麼要出門跑廟會靈？

當每個師兄姐，他們跟無形神尊有因緣的時候，有時是藉由這種會靈方式接觸神尊的因緣，讓神尊來拉拔你們，藉此提升一點靈性，而不是像外面的人，認為說一定要去甚麼地方，去取甚麼令，領甚麼寶才能成長，才是在修，不是這樣子的，去「會靈」只是讓你們到一個磁場好的地方，到自己熟悉的靈源神尊處，讓你們去感應神尊與你的心有沒有相呼應，然後藉此去印證一下，神尊跟你講的話，是不是在未來的生活中，能不能夠印證？或是你不能印證，而透過代言師姐來表達神尊要跟你講的話，然後你再去印證，這叫做「實修實證」，有別於你過往那種對會靈的認知的知識是完全不一樣的。

問事師姐：是說能夠與神尊心意相通，我就是有會到，而不是跑這跑那，卻不知我到底是要去會山還是會海？

神尊：你今天來到玉玄宮，算不算會靈？

問事師姐：是有會到。

神尊：你很聰明，表示你先天的根基就很好，你知道神尊在跟你講什麼，所以爾後你就要用這種方式去警惕自己，習修自己，你終於知道自己要的是甚麼了，然後去找一個你比較親近也清淨的道場，在家修了一段時間之後，去（宮或道場）提升自己一下，提升自己的靈質，因為在家的磁場與道場的磁場究竟不太一樣，道場的磁場有諸神佛仙聖來來去去，在家雖然有家神守護，但就像你念小學，家裡就像一個小學堂，但你到一個道場，它的能量比較高，就會排除你體內的濁氣，你體內的靈質純淨渡就會比較高，你跟神尊接觸，就像你去上學，回去以後覺得收穫很多，就像你去念ＥＭＢＡ一樣，會有提升的感覺。

信者師兄：那在北部哪裡有比較適合去的道場？

神尊：這就要你們自己去看，以你們自己的心感受，你想去的道場，你一進去就會感覺很舒服，很溫暖，你會覺得很自在，沒有人我是非那就最好。不然就在家自修一段時間，你們想來（玉玄宮）也可以來，你覺得北部沒有你想去的地方你就來，就只是來精進啦，打坐阿，靈動阿，跟你的好朋友（守護神或主神）聊聊天，師徒好好共修一下，把心完全放下，來了就不要拘束，該做甚麼就做甚麼。這樣子，你才可以真正放開你自己。

心能放下，學的越多，謙卑度就越足，時時刻刻在習修，神尊跟你接觸越多的時候，你的靈力會一直提升，你有那個靈力去幫助別人的時候，你的慈悲心，同等心，平等心，相對的就會提高，就會沒有那個貢高我慢。所以相對的你就用這慈悲心來看待世俗的人，很多的人，他對你不敬的言語，你就當成考驗，他對你的我慢心起來的時候，你也覺得沒關係，當做那是在修我（自己）的神性，我就放下來修心性，口不出惡言，也是一個修行，對不對？

要口不出惡言，不然就要火燒功德林了，要讓人家感受你的修行，從外表就看不出來，但你就是一個很自在，很舒服的人，甚麼都好，但是你心裡怎樣？你心知肚明，你的心裡，你的眼睛要能看得非常清楚，你的心裡要非常透澈阿，對不對？這才叫真修行。把它當成是一個在磨練你的心性，讓自己的心隨時安定下來，雖然有那些挫折，有那些不敬的言語，但是你要覺得沒關係阿，我忍得一時風平浪靜，我退出來就海闊天空，因為我比你們更有福報，我有神尊挺我，你去道場的時候，就跟母娘（神尊）講一下，不是很好嗎？這樣一個出口，別人沒有你有阿，別人不能講，你可以講阿，你以往都沒有這樣做，現在就可以這樣子阿，打坐的時候就可以跟神尊講，當成你的心裡的出口，就像很好的朋友，你有甚麼事情都可以跟祂說。

自己要下定決心，修行的路本來就很好走的，哪有甚麼不好走，只要你快樂的走，甚麼都好，不管左轉右轉，東西南北，都好走，好不好走，關鍵在哪裡？在你的心，把心降伏好，把心裡的廟，心裡的殿堂顧好，你從心裡發光，散發在臉上，人家看了就覺得你和顏悅色，看了就很舒服，就會覺得你這個人好棒，我好像認識他非常久了，一看就覺得我好想親近他，一看就覺得你的親近度高，讓人覺得好舒服。

簡單說，修行就很簡單，不必聽人說要怎樣怎樣，自己的心很安定的時候，你走甚麼都很自然。要體驗不一樣的會靈，要接母娘的體系，你自己要重新學習過，嘗試不一樣的提升自己的方式，把自己完全放空，自己去學習，去看一看，你會感覺為甚麼玉玄宮他們的習修方式，是你自己心理想要的那個，不是外面所講的那種方式，一切都很順其自然，讓神尊來引導你，一切讓神尊來提升你，這樣子你信心就會大增，你就不會徬徬徨徨，不知道該往這走或往哪走了，你會覺得很舒服的，要加油!!

1—7 千手千眼觀音安座—談一下神尊與安神的概念

今天晚上子時，也就是農曆十二月十八日子時（一〇八年），要請千手千眼觀音安座。記得剛開宮時，神尊安座就是跟當時辦事師姐一起，我們自己來安座，其實以前根本沒做過安神，傳統請老師安座的方式又很繁複，因為師姐可以通靈，所以變成師尊一邊指導，我們同時做，簡單許多，要讓傳統安神的老師看到的話，應該是問題多多，大概不是神像沒有入神，就是會有甚麼禍事臨頭，對神尊不敬啦，這個不周全，那個有欠缺。

也聽過很多人講家裡安神沒安好，要不就自己要不就是某某親人出事情，也影響到公媽甚麼的，其實想想，神尊會計較這個神像差中間位置幾公釐幾公分嗎？你用朱砂點一點，神像就開眼了嗎？神靈就進來了？神靈就一直住神像裡面，不會各界來來去去？不會去辦事或是去巡查遊歷嗎？安神是要護佑，要自在清淨，為何又自尋這麼多困擾？

請神安神是人虔心祀奉的心意，如果因為這個心意而招來家庭的困擾或禍事，要神明保佑的，反而會禍事連連，那其實就可以不要安了，沒有神像就沒有這些事端？是這樣嗎？敬神如神在，心中有神有佛就好了。但是回頭想想，到底是安神還是安魔阿，神明怎麼可能狹隘到要計較你供品缺了甚麼？你哪個動作沒有做，然後祂就不來了，還要跟你清算一下，不可思議的說法？到底是請警察來維護治安，還是請兄弟來圍事？所以請神安神的概念要清楚，還有對於神尊的神性要清楚。

在以往，常常透過通靈師姐跟神尊聊天，也問過這些事情，神尊也揶揄我說「會自己點點點（點硃砂）安神喔，其實當你三炷香拿起時，我們就已經在了，主要是要你真誠奉祀的心意，那些形式是要安你們的心」。那時候才領悟奉神安神的意義，所以雖然只是自己安神（對那些傳統安神的老師來講應該是不像樣），但是隨時可以感應到神尊的能量，雖然小小一間宮，但是卻是能量滿滿。

當然有人一直質疑甚麼都是神神神的，神尊抵過一切？莫林桑是有病阿。我們先不要說這些人「人比神大」啦，我們來說神尊的概念，先天神尊不說（本自具足德行），以人修成神為人所敬仰的神尊，哪尊不是有一定的德行或是有足為楷模學習的精神，都是一種正向能量的提升。以靈的視野來看，祂們也有能力隨時觀察紀錄我們的言行甚至思維，當你心中有神的時候，你是有一個學習的對象，也知道有一個監督的力量，在這種狀況下，你能不時時提醒自己往正向能量提升嗎？玉玄宮的神尊不是只讓人拜讓人求或讓人利用神尊的能量來圈眾，來拉高自己地位的。神尊對我而言是修行的精神標版，是我真誠願意信任的能量，也是自我警惕的監督者。心中有神的人，要去做壞事的很難，因為心中自有一把尺，去做壞事的，你告訴我說他們心中有神，我是很難相信的，神對於他們只是擋箭牌／護身符而已。

今天要請千手千眼觀音安座，用簡單自在的方式，用心奉神，用靈向神尊學習，「子時」，是一天的開始，也象徵著更新的意義。日子也剛好是星期五的共修時間，剛好大家可以共與盛會，不必特別再勞煩師兄姐跑一趟，其實自己與千手觀音的因緣已經很久，以前靈動接神，常會有兩手拿禪杖靈動的現象，想說是地藏王，但地藏王只有一支禪杖，後來才看到千手觀音的兩支禪杖，才知道原來是接千手觀音。要奉祀千手觀音在兩年多前就已經指示，但是諸多風波，因緣一直不成熟，其實不安神像，神尊一樣來教導，不只是有安神像的神尊會來關心教導，有緣神尊都隨時在宮裡守護著眾位「以神為尊」的師兄姐。

安神像，只是增添宮裡的莊嚴。

感謝眾神的教導守護，感謝眾師兄姐的護持。

1－8 靈修是修自己，先安適自己的心——用歡喜自在的心請千手觀音安座

在基督教／天主教的說法，神像不過是一座雕像，是偶像崇拜，在這種概念下，將神像掃倒，摔打腳踢也是很平常，不過是木頭或銅鐵器而已，其實這種概念能破壞的不過實體的雕像，能傷得了靈體嗎？所以對於這種舉動，只能一笑置之，因為敬神只是一個心意，佛在心中坐。沒有那個心，耶穌基督也不成耶穌基

督，神佛也不成神佛了。

在傳統的安神中，開光點眼是很重要的，有的甚至要在神像中入寶，甚至入活體，要的是神尊的威神力強大，這是一個甚麼樣的概念？比法力高強，比勢力，比信眾，比乩身，比陣頭，比神尊誰比較興盛，這個「比」是人在比還是神在比？思考一下這個概念，人有沒有「修行」的思維？還是一直在「修練」？修行真的需要去做各種比拼？有沒有帶點擴展勢力，搶地盤的心態？這樣人心是躍動的是浮動的，還是平和降伏的？

現今的宮廟趨勢，是由繁趨簡，由爭競轉合作，所以可以看到各地媽祖，帝君，帝爺廟合辦活動，其實神尊威名顯赫，各地廟宇都受惠，區域有區域的信仰中心，而真正神威遠播的，是神在行善濟世的事蹟（如白沙屯媽祖，難道宮廟是因為法師或乩身而興旺的嗎？），而不是法師／乩身／通靈代言者的個人事蹟，沒有神，請問人有多少斤兩？而這些法師、乩身、代言人等「因神而貴」，卻迷失了自己，甚至以神自居，也誤導了信神的信眾，這是信眾需要警醒思考的。

靈修是回到敬神事神，以神為尊的思維，心中有神有佛，所以可以以神佛為典範來學習，重點是人的修行，當你能謙卑事神，自然可以以神為鏡，以佛為鏡，以道為鏡，把自己關照好，再加上靈的修行，讓人靈合一而自然合道。

靈山修行到處跑廟跑山野去會靈渡靈，求的是靈與其他神靈接觸，能接收能量，與增強自己本靈能力的發揮，與靈修修自己的概念不盡相同。靈修修人修靈，回歸簡單與清淨，所以靈修的人會越來越能看清人、事、物的理跟脈絡，會越來越清淨，越來越不喜歡嘈雜繁複的環境和人事物，會看淡心中的追求的心，對事物認真去做，做完能隨即放下，回歸平靜，是放下而不是放棄，生活會越來越簡單清淨自在，越去凡俗，這是靈修的特性，所以靈修雖然有宮廟道場，但與傳統的求／拜是大相逕庭的。

二月三日子時（二〇八年國曆），藉由千手千眼觀音安座，把師兄姐的心暖起來，千手觀音是大家的千手觀音，有求有應，學習千手千眼觀音的精神，濟世救人不一定是在宮裡，也不是花大錢來做所謂的善事，一顆悲憫自己和眾生的心，一個呵護關心，杯水即是甘露，把心、把自己、把有緣眾生照顧好，時時修正，跟神學，這才是神尊要教大家的事。

與大家分享一個愉悅自在的安座，沒有對錯，沒有甚麼禁忌和避諱，就是把事做好而已。

影片是手機錄製，開始由小師姐靈動接千手觀音，請神入宮，然後奉請神像入座，再輪流由師兄姐奉爐、燈、茶、香、花、水果等供品，由於個人接收程度不同，所以動作也都不同，自在就好，不需比較，有空多打坐，該靈動要靈動，該說該唱就要說要唱，有人不會說唱不會靈動，也聽不懂，這是個別的因緣問題，為甚麼別人會說會唱，會靈動，聽得懂，而他們沒辦法說唱也聽不懂，然後在那裡批評，妳卻會受那些人影響而放下自己的功課，這不是很好笑嗎?沒辦法說唱是他們有進步的空間阿，不是要你退化讓他們看阿。

要把自己信心建立起來，跟著神尊的腳步就對了。不要被人言是非影響。

(影片請用題目搜尋FB社團—如是道生命能量研修協會)

第二章

心地清淨方為道

2—1 領旨令與借旨令如何判別？功用何在？

旨令等同是一種認證，一種許可，好像是自己領有執照或證照一樣，一來可以名正言順地從事各種工作，再者也有神尊（法律上）的保護，再來有旨令也可以增強辦事的效力，但是如果只是修行，當然不必定要領旨領令，但領了旨令隨順因緣，必要伸手助人時，保護作用是必然有的。

在修行的過程中，很多人會期待領旨領令，也有很多人害怕領旨領令，甚至神尊找上門來了，還要躲給神尊追的。其實領旨領令只是一個能力的肯定，如果你願意承擔，或說是一個責任的開始也可以，但很多人都是被人嚇到了，說領了旨令沒辦事會生活不順甚至有災禍，或是領了旨令就要開宮或到宮廟服務，其實都不是必然的。當你真心誠意要為神尊服務了，必須要修心性來配合，因為你會知道神尊無時無刻都在看著你，心中有神，不敢也不會越矩做事，秉持正心正念，不貪不取，生活只有越來越順，不做非分之想，不涉是非，困擾只會越來越少，心境只會越來越清，越接近神尊的思維，能量會越來越強。

有的人在修行的過程中，會被同修的師兄姐或宮主老師告知，你該領旨了，你要領令了，你要開始協辦聖事了，但是自己卻毫無感受。在這種狀況下，通常自己都會很懷疑，到底是真的假的？這種質疑是必要的，雖然說對自己要有信心很重要，但不管被告知或到哪裡領旨令，自己都沒感受時，確實需要存疑，不要追玄不要勉強，不是你自己自修能量未到，就是被提前告知了，這對領旨令的人會有所傷害的。或許會說邊做邊修邊學，但是自我防護的能力是有問題的。

另一個問題是要你領旨令，是領你所在修行的宮的旨令的話，這就像依附在別人公司工作一樣，你可能得到的是一般的酬勞，大部分的功果是屬於所屬的宮的，當然你可以當成有練習的機會，這種領旨領令的現象，只要宮主或主事者說可以領是隨時可以領的，這就有相當成分是讓你借用該宮的旨令而已。好像是借牌營業，你的所有營業額（功果）都是該宮所有，甚至隨時有被取回旨令的疑慮。所以領旨令自己要確認是否神尊要你領，而領取的也是自己的旨令。一般當你能量足夠時，你的靈與神尊是會提醒你要領旨令了，這種告知絕對會讓你有感，在打坐中，甚至會在睡夢中讓你有感，這個才是真正自己需要領旨領令的狀況。

通常在靈修修行的過程中，靈會明顯接觸自己的靈源神尊，該接旨接令時，靈會明顯感受，甚至在靈動會靈與神尊接觸的過程中會直接接收旨令，靈修的領旨領令是在靈與神尊接觸的自然動作中完成，這個動作包含跪拜、行禮、稟文、接旨、接令、接旗，領完的扣答跪拜等等，你不必想該做甚麼動作祂就自然做去，不需要一般豐盛的供品或繁複的儀式，人在靈的會靈中自然而然被帶動，這是自然法／無形法的接旨接令，所以平常的靈動功課很重要，而你自己會很清楚自己做甚麼動作，若有通靈老師在場那就會更踏實。

通常旨令是依據你的能量跟未來要辦的事而定，有願力的人修行進境會比較快，也會比較快接旨令，所以是神尊會依據你的狀況頒給旨令，而不是你去要求神尊給你旨令，當你能量還不足就要你去辦事，事實上等於是害你，這跟「不教而殺」是同樣意思，士兵徵召入伍了，未經訓練就送上戰場等同去送死的概念一樣，所以領旨令不用急，當你心性修養足夠，靈的能量足夠，該要你辦事時就會頒旨令給你了。

一般通靈的代言人，從小就看得到聽得到的現象所在就有，但是如果沒有引導，其實也不一定會為神尊所用，甚至被誤以為有精神上的問題而接受治療，也有些人並沒有辦法或沒有因緣從事為神尊代言的工作，也就是失業的很多，當然有些是從小受傳統乩身觀念影響而排斥，有些是對自己的特殊體質會害怕而逃避，或者在修行路上受到傷害或汙染，導致沒有辦法做這方面的工作，一般會說有這種體質的人是帶有先天旨令的，其實不盡然，很多都是在修行過程中由神尊不斷的賦予並教導，甚至是在辦事的過程中，由神尊直接邊做邊指導。通常代言人都是領了旨令的，而當你是在神尊的指導監督下做事，也等同神尊當下頒旨令了，若你只是自己的靈要去辦事，旨令就相對很重要。這是通靈代言人與一般術法科儀或道士法師辦事方式的不同。

其實旨令只是能力的證明，當然師出有名是最順當，不會有疑義或困擾，阻礙也會減少，那接收旨令最好是自己的靈來接收，而不是由老師或他人來代為接收，會有代為接收的這種狀況，嚴格來講連接收了有沒有給你，你都不會知道，也沒有能力知道，接真接假會連自己都很懷疑的。所以到底要不要讓靈靈動，要不要靈語溝通，即使不知道講甚麼，起碼知道是自己的靈在溝通，平常自己靈語靈動，熟悉了就會知道真假，起碼在靈動接旨接令是自己的靈在接是假不了，自己接自己會很清楚，沒有假手他人的問題。

所以靈修過程中該靈動要靈動，這是調合身心靈必要的過程，是讓你更舒展，身心靈運作更契合的練習過程，把握每一尊神尊來帶動靈動、轉靈、調靈的機會，這樣進步提升會很快，不要把靈動／轉靈這些動作當成「功法」在練，而是靈修打坐與神尊會靈後自然帶動的功課，自然法很重要，放下自己的心念放心交給神尊帶動更重要。

另外，靈修的領旨領令是很神奇的，傳統宮廟領有形令，常要人去哪間宮廟領甚麼令，去哪尊神尊處領甚麼令，要甚麼儀式等等，領的人大都只是被告知，然後去博杯，那到底自己有沒有領到令，是茫然不知的。對靈修者而言，在靈動中，在打坐中，在睡夢中都有可能領旨領令的，接的人也會知道自己接旨接令，通靈人更能直接看到無形旨令。所謂無形，只是沒有有形物質的形體，一般人看不到而已，並非無形無狀，祂的顯化只是不用物質現象而已，那看得到、看不到或是感覺得到否？就關係到個人修為，那看不到的人就謙卑修自己，承認看不到，不要道聽塗說，不要附和，因為別人說有或說沒有，都不是你的覺知，因為無形你也沒辦法驗證，所以應該先存疑求證就好，更不要假傳神意。

2—2 談無形宮和旨令的問題—放下型式和場地的羈絆

吳師姊：

聽說一般靈修的無形宮，如果已領有旨令在行道，是不能輕易離開道場的？真的是如此嗎？聽說，沒有神尊的許可，是不可輕易離開，曾聽某師姐講他們的團體，只要輕易離開有的會生重病有的會住院。照這樣說就變成沒有退路啦，這可是真的？

還有不能輕易地去別的宮廟，因為靈還不穩，要不然會卡一大堆，想請問會卡到什麼啊？這是真的嗎？

一旦進入靈修團體要如何退出呢？才不會有無形的追討？可否解惑？

這是在網路上常看到的問題，也是一般靈修的迷思。

林師姊：

非也，一般道長宮廟主持會這樣說，無非也只是希望轄下弟子不會外走，因為這條路上我們通常會有多方的訊息，有的聽多了會迷失自己的判斷力，這「聽說」就聽他說說就好，不必入心，神佛慈悲希望弟子多學多看，怎麼還會阻擋學習的機會呢？但主要的是自己的心跟判斷力夠不夠堅定。

黃師姊：

建議如果真的要離開舊道場時，記得向神佛辭駕，稟明自己想多學習，可是若是方便有空時還是要回舊道場參拜神尊，就像回家看父母，這是我的小小建議哦！

莫林桑：

師姊你的問題如林師姊跟黃師姊所說明的一樣，會有這種說法大都是道場希望師兄姐留在他原來的地方，事實上靈修者本身就像是無形宮，如果又領有神尊的旨令，那你到哪裡神尊就在哪裡，怎會有離不離開的問題。會有離不離開的問題，主要是指有形的宮廟，大都是道場宮廟主持者想留住人，是「人」不讓你走，神尊不會說你不能走或不讓你走。那之前遇到過師兄姐離開原來道場之後一直不順利，身心一直有干擾，這現象大多是被原先道場主持動手下符或外靈跟隨的比較多，但大都是自己的心理罣礙，被一些似是而非的說法，以神之名讓人產生畏懼害怕的狀況，下符不一定是燒符令，通常一句恫嚇的言語就像下符一樣植入你心裡，這也是人的因素，不是神，會生病或不順的，通常都是原來宮的主事者心術不正的術法的影響所造成，正神絕不會恫嚇圈眾留人。

當然也有人說很多廟宇外邊都有一堆無形眾生，因為很多人會來祭改化煞，解冤親債主，沒有送開或送歸本位的會在宮廟外徘徊，等待有緣人，所以勸師兄姐不要亂跑宮廟，這現象也是會有的。事實上要卡外陰也不是那麼簡單，一個你心念出問題，再者你體虛氣虛，三者是你跟這眾生有因緣，四者你自己多事或多言招惹，五是你氣運低糜。所以在去宮廟時，保持禮敬的心，尊重有情無情眾生，不妄言批評，就比較不會有事。但通常一般宮廟神尊對這些眾生都會渡化才對，但就怕亂跑不知名的宮廟。

那要退出靈修團體要怎麼退出?只要是正能量的道場，基本上人神都會尊重個人自主意願，只要跟道場神尊稟明，再去大廟稟告請神尊做主就好，如果你要離開，道場宮廟主持還會刁難或恫嚇的言語，或是給予不同臉色的待遇，這種道場更應該要及早離開，其實問題不在神尊，而是在人，自己覺得道場不適合，聽從靈的覺知，自己堅決就好，一般是怕留有個人資料在哪裡，怕被人用術法亂搞，有這種情形時，要及早至大廟請神尊幫忙排除。

吳師姊：

是阿，因為我的心裡認為神佛是慈悲的。

莫林桑：

還有旨令的問題，有的只是借宮廟或是領宮廟的旨令辦事的，只是該道場或宮的旨令而已，你帶不走旨令的，像這種情形就無妨，走了就好了，旨令並不是你的，只是你去替人家的宮幫忙也分擔業力而已。如果自己確認是跟神尊領旨令的，那離開更是沒有後顧之憂，旨令還有你的主神跟師尊都會護著你，只是該渡眾時還是要做，不要離開宮廟道場了就無所事事，以為不在道場就不用做功課，就不用渡化了，其實靈修就是自在，隨緣渡化就可，那每個人都是一座無形宮，更是自在，人在宮在，神尊也在，離開有形宮更不會有事，因為無形宮就在你心中，離不開的。

吳師姊：

我是說現在跟的師父他那裡，什麼神尊的雕像都沒有，是無神尊形象的宮。什麼神像也沒有，至於裡面的師姐們的無形宮，都是到公眾大廟接的。

莫林桑：

喔，其實神尊本就是無形，法像只是讓「人」踏實，但那也要看得到的人才能確認，無形宮根本不用到大廟去接，去接的應該是辦事的旨令，有的到當地大廟才接，當然要有辦法請才行，像我這邊，通常要辦事之前先請令，辦完之後再覆令，雖然都是無形的方式，但是都還是要奉香請旨令。

吳師姐：

因為好奇又也不太敢問，因為不懂怕問不到重點，因為師父說一腳踏進去就是一條不歸路，修行我個人認為要修身養性，幹嘛有那麼多的規矩。

莫林桑：

是的，修行是要把道理弄懂弄通，不是修一個規矩。我是希望可以把靈修的原理講清楚，公開發表也是希望更多人看也散播出去，不要讓靈修變成很神祕很難修的修行，知道原理會比較踏實一點。要說祂是不歸路也是啦（但不是被歸位在哪個宮廟），只要真正跟神尊接觸了，你就會想一直跟著神尊的。有時候你看到或覺得事情不合理，自己想想如果是神尊應該會怎麼做，你就會清楚自己該怎樣做了。

像我第一次接觸靈修，感受到神尊來調體，來調整思維，就讓我很訝異，為什麼可以這樣跟神尊接觸，一打坐就已經過了十六年，你要真正去體會跟神尊接觸的感覺，輕鬆自在，體會師尊如師如親如尊的親切與關愛，你就不會想離開神尊了，要自己去體驗體會，不要是聽人家講的。

莫林桑：

會接觸靈修或修行，不會是糊里糊塗的拉，時間到了才有機緣，也就會有機緣，差只是有沒有人好好帶你，或是自己有沒有定心下來。

接觸修行了也可以離開阿，離開只是離開大眾認知的修行模式或離開定型化的修行場所而已，只要心中有神就好，不要讓靈修修行的名詞或是外人（非靈修者）的言語嚇壞了。生活中無時無刻不在修，日常生活都在修，心中有神，學習神的精神把自己做好做快樂就好了。不要被宗教綁住，不要被道場被型式綁住，靈修的精神就是一個自在的精神，保持這個精神，時時都在「離苦得樂」。

一轉念能「離苦得樂」，不就是神佛的精神所在嗎？

2—3 童言童語看懂靈修（一）

◆影片：請靈及太子對話

兩位師姐都是從小可以看到的，一直都沒有人好好引導，也在其他宮廟待了好一陣子，但不是靈修宮廟就是沒辦法引導，基本上，兩位師姐已經是準代言人了，再做功課一陣子就會提升也會有其他師尊來教。

很多人接觸修行或是靈山靈修，都很怕會成為乩童，這是傳統為神尊代言的刻版印象，也是很多傳統宮廟對於帶有先天體質的人，只能做這樣的引導，其實靈修者要做乩童接駕是很快的。那傳統宮廟遇上靈修體質現象沒辦法理解說明，通常就告知，不是卡陰就是祖先風水，不是要修就是要替神明做事，到底要怎麼修？要做甚麼事？又說不出個所以然，不是天機就是等因緣？到底帶天命的修行要怎麼走？

透過影片，讓大家思考，兩個太子的童言童語的對話，體會一下快樂自在的靈修：

1. 太子乩童跟太子靈駕的差別？
2. 降靈可以看到無形八卦跟地理。
3. 做功課靈才會長大，要做甚麼功課？
4. 負能量在靈所看到的狀態？
5. 卡陰跟氣場不好怎樣分辨？

6.為什麼要靈動？
7.為什麼人身長大，靈體沒有長大？
8.太子降靈跟小朋友眾生（嬰靈）附身的不同。
9.……

有疑惑，歡迎大家提出來討論
相關影片請參考FB社團—如是道生命能量研修協會／淨我還真靈修社團：
https://www.facebook.com/groups/morningsun.com.tw/permalink/2228101787308511

2—4 童言童語看懂靈修（二）

◆**影片一：小小太子代言「問事說事」**

影片一談笑中把事情講明，及早因應，以及個性要調整的部分，有交代朋友告知，對於家中眾生及負能量的處理也都說明。

◆**影片二：太子退靈駕**

影片二神靈退後，師姐的樣態，本靈穩定者，退駕是很自然完成的。靈修靈動不是訓體，不用綁紅綾，因為人的意識很清楚。

有的人認為通靈沒甚麼，通靈本來就沒甚麼了，可以通靈也要有神尊要用，很多人從小可以看，可以與無形界溝通，但終究只覺得困擾，如果又不分神鬼，自己到處看到處通，到底通到甚麼？自己是否能掌控？

其實不分神鬼的，都是假通，真正接靈駕的，是能看能聽的，神鬼一目了然，只是有沒有因緣替神尊做事，那真的要看自己際遇了，有的往傳統宮廟走，可能就是乩身或是浪費青春或是開始坎坷的人生，因為沒人師也不敢確認無形師可以引導，那走入「號稱」靈修的宮廟，只會更茫然，因為似真似假，無法分辨。

真的要通靈，無形師很重要，正心念能通靈的有形師也很重要，能靈通的狀況，本人是很清楚的，尤其是可以看到或聽到無形界的人，聲。走對地方學習，要連結神尊的因緣做代言人，應該是最圓滿的狀態。

那靈通了有甚麼用？

一者靈通了可以很自在，不一定要在宮廟作代言人，隨時可以代言的，有的人一直強調旨令旨令，旨令是一般傳統宮廟或是術法辦事者的護身符，通靈人就請神尊下來指導，神尊本身就是旨令了，還要去哪裡請旨令？

通靈人就是一座行動宮廟，神尊一直在。

二者神尊降靈了，對於事情的諭知（預知），可以讓自己減少很多冤枉路，也可以讓自己比較樂觀面對，因為你前因後果，以及未來因，未來果都可以知道，你還能不釋懷嗎？

三者習修過程中對於很多正在從事的事情以及自己行為的因果，祂會告知，有兩個以上通靈人可以對照時，可以更明確驗證，然後明確修正自己的心性及思維慣性。

四在習修的過程中，不管在靜態或動態的功課，都可以強化自己的身心，包括了解自己身心問題的成因，以及進行調整自己的心態及身體健康狀態。

通靈真的沒有甚麼，能接上神尊因緣，開始積善成德，才是真正靈通的意義，靈通要能運用在自己日常生活上以及協助周遭親朋好友趨吉避凶，走過人生的困境，離苦得樂，那才是功德，而不是開廟店賺錢。真正靈通者是非常低調的，到處炫耀自己有通靈能力的要小心了，君可曾見過國學大師佛學大師到處炫耀說自己是大師的？真正的大哥也是很低調，路上的小囉囉才會招搖撞騙，自己要能分辨。

靈修是很愉快的，有的人問莊嚴在哪裡？其實靈修者對神尊的敬重是超越的，因為他（他）很清楚神尊的威神力，而不是表面儀式的擺設或鋪排或是道貌岸然否？

自在不踰矩是靈修者的準則。

相關影片請參考FB社團—如是道生命能量研修協會／淨我還真靈修社團：https://www.facebook.com/groups/morningsun.com.tw/permalink/2229876623797694

2－5 怎樣找到適合修行的地方？（一）

「修行」要的是「心地清淨」—存乎一心

昨天跟一位師姐談到「信」的力量。

其實我們生活的地方，本來就是一個多元存在的空間，很多事物其實都是「中性」存在，沒有立場的，就像無形的空間，鬼神也是相對存在，和平共存，鬼不犯人不犯神，神尊也是沒有理由見鬼就收，那無形空間的存在也會失衡。鬼也可以是「神」的助力，一般常說的，運用的巧妙「存乎一心」，心相信的越堅定，力量就越強，不管是鬼是神，操作在人的「心」。

無形的力量是一種能量，是穿越的，只能引導，要產生有形的著力點，還是要靠實際有形體的人事物，才能在物質界發生作用，所以你信鬼，鬼的力量就強大，因為鬼可以借你的力；你信神，神的力量就強大，這是一個堅信的心，由人在操作。

堅信的心是中性的，可以往神，也可以往鬼，但最終結果會不同。

所以為什麼要修？

修就是要修一顆堅信的心，讓這顆心維持一個往「正向結果」發展的方向。

海師姐問我：

請問師兄：走修行路一定要找很多人在一起修行的宮、廟、道場嗎？因很多修行人都說要共修，這樣才比較不會走火入魔……？真的是如此嗎？真的有這樣的說法嗎？還請師兄解惑……謝謝！

莫林桑：

走修行路到底要找甚麼地方比較適合？

修行一定要共修嗎？

共修的用意是因為人多好做事，力量比較大，就好像選舉，越多人投同一人，那人當選的機會就大，也好像陳情書，越多人同意做同一件事，要做成的機率也比較高。也好像聚會活動，聚眾越多，越高層的長官越會來參加一樣。

但是有一個前提：就是大家的「目標方向是一致的」。

所以共修可以聚集更多的能量是無庸置疑，但是不是很多人在修行的宮、廟、道場就比較不會走火入魔嗎？那就看這道場修行的中心思想，心念是否一致。人多有時候就雜，小小一個地方就分門分派，那就不用了，只會被紛亂的磁場干擾而已。

再來帶領的宮主，師父是否正心正念，這影響到神尊能量的發揮，就像前面提到的「信」的力量的問題，帶領的人不正，邪信當道，正神的力量一樣沒法作用，只會被邪力牽引。

所以去到一個地方，先觀察，而不是看人多人少，眾口可以鑠金，三人會成虎，所以要用眼睛看，用心去觀察，然後用靈去感受。地方和諧，磁場舒適，這個地方就對了。

那神尊還是最重要，跟神尊跟道場氣場感應非常舒適愉悅，這就對了。

如果你感到不舒服，感受到來自這個地方的壓力，不管是靈體或是個人心理或是經濟上的不正常壓力，這個地方就不適合待下去，有時候靈會讓你有感覺，讓你心在決定時產生阻力或反對力，這時候就要注意了。

所以是不是適合自己修行的地方，不是人多或少的問題，而是第一個感覺跟後續的觀察。

其實修行最重要的是：「心地清淨」。

應該是朱熹老先生說的：心地清淨方為道，這是宋朝的理學家，剛剛浮上來讓我想到「心、地清淨」。自己的心要淨，修行的場地也要淨。

強調一點說就是：自己的心地。

當然自己的心念清淨，其實是萬邪不侵，所以「修行的地方」也可以只是輔助的作用，但是善加利用也可以事半功倍，很多大宮大廟因為比較少人為的干預，神尊做主，能量較強，要受邪魔入侵的機會比較少，但也要注意大宮廟也有非神做主的，自己要感受，小宮小廟受主持的人影響較大，看主持的心性很重要。

好學校也有壞學生，爛學校也有好學生。

所以自己的心地維持正心正念，不急不躁，不貪不求，要走火入魔的機會就沒有了，重點是人，自己的心。

找不到自己感覺適合的場地，不妨自己先在家自修，有時間在到師兄姐經常會靈的大廟去靜坐，慢慢來不用急，保持自己的道心，維持自己的心地清淨最重要。

2－6 怎樣找到適合修行的地方（二）

談一下清淨，是人要修還是道場要修？

很多人在道場修行，最後會離開大都是因為人我是非的因素，這個人我是非包括宮廟道場負責人的行事做為，包括在宮廟道場共修的人言語作為，包括修行觀念與方式的歧異所產生的認同問題，其實說穿了就是這一群人的觀念是否一致跟個人的品格問題。

要如何看待這些宮廟現象？

當然道場要清淨，一定要避免人我是非，還有一個要避免去爭主導或以小團體傷害大局，這可能會有牽涉到利益的問題，這些現象好像到哪裡都很難避免，只要有人就有這些問題。但是人我是非是不是就不好？也不盡然，他會讓你學會如何去分辨一個人所言所說的可信度，再來就是培養自己在人我是非下分辨的智慧及處理能力，或是能不受影響的自我的穩定能力，這才是修行的功力所在，一個修智慧，一個修亂世中的堅定，當然或許會認為這是在無奈的情況下必須要的學習，但也讓你更清楚自己要修的是甚麼？任何一個地方都有可以學習之處，認清並確立自己的目的跟需求很重要。

到一個宮廟道場，自己要建立一個心態，就是要跟神尊學習，為神尊服務，是來修正自己的，所以要學會謙卑，給自己機會也給別人學習的機會，學會領導而不是爭權主導。所以以神尊為主，自在修行，也自在服務，有服務的機會不要錯過，別人在做事時幫忙協助，目的是把工作完成，不是看誰能力好，而是看誰的心夠清淨，「為而不爭」，進道場就用清淨心，「修口」不說是非不道長短，「修心」不爭不競不比大小，自在修自己。

真正要修行的人都想要找一個清淨自在的道場，事實上不是道場要清淨，首先要清淨的是人本身的清淨，一般人都顛倒了，想要神尊給人清淨，卻自己靜不下心來，事實上修行就只是在修人品，把自己清淨了，就能分辨所謂的紛擾而能不涉入人我是非。道場修行最要緊的是清靜／清淨，清淨不只是道場這個所在，主要是自己的心，所以在「玉玄宮」—淨我還真道場，會強調「淨我」，淨我要淨我的身，口，意，在外面工作所需不得不面對，進入道場何妨先放下繁瑣，讓自己清淨一下，要清淨，很重要的是要放下人我是非的心，放下追逐爭競的心，讓自己做最簡單的自己，來到道場就是單純靜坐修行，用最簡單真誠的樣態面對神尊，面對共修的師兄姐。

一般人大概很少體會到通靈的威力，自我入修以來，一直接觸的老師還有一些師兄姐都是具有通靈能力的人，開宮以來，代言人都是通靈人，所以我會用電影《全民公敵》的意思做解釋，全民公敵是外在的監視錄影系統；但一般人會很難理解，其實「靈」是一套嚴謹的內在的錄影監視系統，因為所有經歷，所有思緒都是自己的靈在紀錄，靈又是很直率的，會跟錄影片一樣忠實反映所有現象跟狀況，所以通靈人可以從你的靈知道你的所有事，祂就像監視錄影一樣，所以你不必隱瞞，不要謊言，你的靈在記錄，你無所遁形，所有的事神尊都可以知道的，所以要怎麼修行？怎樣做「靈修」？坦誠自在就是最好的修行，也是身心靈合一的最佳途徑。

很多人在道場的修行，通常會受影響的主因來自於人，不管宮廟的恐嚇式的說法，（神尊要你做甚麼，不做會怎樣？不在這裡修會怎樣？）……再者就是共修者的言語嘲笑汙衊或詆毀，人我是非的影響，還有非修行者因不了解而產生的誤解的說法，古語有說：「寧動千江水，莫擾道人心」，去阻礙人家修行算是很重大的問題，所以修行基本上「修口」非常重要，是是非非真真假假，其實自己最清楚，自己的靈也很清楚，在道場修行，修自己的「真」的概念很重要，再來就是不道人的是非長短，最好「不要過口」，要嘛就求證清楚再說，每個人都誠心敬奉神尊，以神為師，清清靜靜修行，追求的是自己的進步，要跟自己比輸贏，跟自己計較，而不是跟別人比較。

那要怎樣找到適合自己修行的道場？自己的心清淨就是最好的道場，心清淨所到之處就可以是清淨的道場，練自己清淨的定力。那到一個有形的宮廟道場，不是要道場修正它原有的風格跟特色來適應你，是你要修，不是道場所有人要修正來符合你，所以自己有沒有能力去承受或調整改變道場風格，是一個很重要的思考，如果沒有能力就先放下要求改變現狀的思維，等修到有能力再來做。若自己吸收內化的能力不夠，那尋找符合自己需求現況的道場就很重要，漸修漸進漸調整，否則，「家」就是自己最好的道場了，在家自在自修也不失為修行的好模式。

2－7 用錢買功果還業障？要思考有心無意，行善積德不著心意

林師兄：

想請教如何提升運跟氣？還有消除業力？

莫林桑：

運氣運氣，氣為什麼要運？運是甚麼？人體的氣如果有順暢，就相對降低身體的疾病的發生，所以氣功主要是練體，練的方法就是運，運是用車載著四處走，所以從辵從車還要有冖蓋保護，所以運是要在一種安全的狀況下做移動，練功或運動都是要以安全為前提來達到增強體魄的目的。當然我們日常的生活運作

模式也要能安全順暢不要有阻礙，那運就可以順又強了。

那氣的運作是一個循環，有人體內和人與外界環境的循環，運行順暢了，自然會有凝聚跟擴張發散的效果，除了人體的氣，還有大自然的氣，要增強自己的氣，除了飲食藥物的調理，把自身融合於天地，也可以補身體的氣，大地之氣我們說會有自然跟宇宙的能量，但畢竟「體」是有限的容器，也不能超量吸收，會吸不會排也是一種困擾，所以運氣運氣，把氣在體內順暢交換是很重要，氣的強弱，我們說它跟密度的高低跟它的質量有關係，所以自己怎樣培養體內的氣，還有吸收接納更深層高質量的氣，是各家都注重的一門學問。

打坐練功可以是一種養氣跟運氣的很好的方式，那在靈修，去會靈吸收高質的能量是靈修修行人常做的一種方式（不是去渡靈或會陰氣之靈，要在可知的天地正能量且安全的地方會靈），把自己的氣培正，培強，讓自己心念與自己的氣結合，然後再跟天地自然之氣去融合，那人的運氣自然提升，重點在於自己的心念跟所散發出來的氣能與身體周遭的氣互動，自然能帶動周遭的氣進入祥和的運轉（有足夠的影響力，可以影響周遭的人事物進入我們的正氣之中），再不然就是自己融入周遭的祥和之氣中，你自己的運氣也會跟著提升，所以所在的團體跟周遭環境的選擇也是很重要的一環。

那要如何消除業力，業力是甚麼?在「百度」上說明：「業是印度宗教一個普遍的觀念。業力是組成有情眾生因果關係、因果報應的原素。業力是指有情個人過去、現在的思想行為所引發的結果的集合，業力的結果會主導現在及將來的經歷。所以，個人的生命經歷及與他人的遭遇均是受自己的行為影響。因此，個人有為自己生命負責的必要以及責任。而業力也是主導有情眾生輪迴六趣的因，所以業力不單是影響現世的結果，還會生生不息地延伸至來世。」

在佛家的說法，業是我們思想行為展現以後得來的結果，本來業是好壞結果都有，但是好的結果通常稱為果報，不好的結果才稱為業報。我們說業績業績，一般都是正向有工作成果（功果）累積的，但談到業力，應該是業的牽引的力量，會有好有壞的牽引，但對業力大都比較是負面解讀，會認為是一種負債（負向能的影響）的狀況，那負債了怎麼辦?其實業績業力都是一種「業」，有業力就認真做業績賺錢來還阿，不然怎麼辦?但還債也要有對象，不是漫天撒錢。所以行善積德讓它在自然界中去平衡，無形的問題就無形去還，有情眾生就當世了結。那修行就是培養自己覺察的能力跟謙卑面對的態度，可以有智慧去領悟、面對、處理業力牽引的問題。

消除業力的最好方法是「惡緣善解」的概念，就是要跳脫因果思維，概括承受累世的因果業力，覺察是讓人自己明白「事出必有因」，從日常接觸的有情無情眾生中，調整思想行為以「和善」、「消怨」、「兩利」的心態去與累世的冤親債主「和解」，其實累世的冤親債主的因緣都顯化在我們的生活周遭，我們的親朋好友，工作夥伴，路人甲乙都是，而無形的討報是很少的，當我們在與周遭有情眾生應對的當下，能否不再起惡緣，對於迎面而來的惡緣，能否和善解套是很重要消業的方式，修行就是要覺醒，覺醒今生不再結惡緣造惡業，善解今生的惡緣，自能消解自己的業力，累世修行，遞次減少業力，終會有一世可以不再與有情無情眾生糾結。

那對於坊間一般處理都是用錢買功果，如果可以，那富有者應該都能長命百歲，也能無災無病，有對價關係（有人為要求）的佈施不叫佈施，有心無意的行善涵養功德，有心而不著心，要學大師兄，過河了就把背負的美女放下了。

第三章

靈在虛無縹緲間

3—1 為什麼要靈動？靈與靈接觸的半自主反應

說半自主是因為你會感應外來牽引的力量，身體非自主的要動，但是人的意識是很清楚自己要動，但也可以控制祂不動。

最近好幾個師姐來我宮裡拜訪，幾乎都提到一個現象，就是他們壓抑靈語而且不敢靈動，幾乎都是已經到了身體要出現不適的壓力臨界點了，走修走的很迷茫，有的已經退回家裡自修，為了解疑找來這裡，而相同的狀況都是已經感應到而且會靈動了，卻人為去壓抑控制不讓祂動，一個因為害怕（沒辦法分辨神尊或眾生的靈，因噎廢食的現象），一個是因為不知道為什麼會這樣動，再來就是被以前的習修場所灌輸不要講靈語，不要靈動的觀念，而害怕的最大的問題點就是怕卡陰卡外靈，怕被無形眾生附身。

另外還有最啼笑皆非的理由就聽不懂，看不懂，為什麼要講要動？還有一個最嚴重的是人的意識卡關，就是要求神尊為什麼不用他們聽得懂的話來跟他們講，而要用靈語，這個就是非靈修及乩童系統團體一直批評靈修所質疑的論點，另一個論點就是神尊閒閒等你們呼請喔？就連很多「號稱」教靈修宮廟的老師都因此要求習修者不要講靈語不要靈動，結果學員一個比一個靈逼體更嚴重，因為靈體壓力沒有宣洩管道可以紓壓，因為已經啟靈了，就像水龍頭打開了，卻被要求去壓住水管出水口不讓水噴出一樣，你說這水管壓力能不大嗎？

其實我們也可以大膽斷言，這樣的老師是沒有能力解釋靈語，沒辦法帶領靈動的，甚至連跟神尊溝通靈語靈動的意思的能力都值得懷疑的，非靈修體質系統的人不懂，排斥都是正常，你既然號稱做靈修的道場宮廟，卻以人的意識做主導，不讓靈做功課，那跟從你靈修的學員何所適從？如果「人師」會也知道為什麼要靈語靈動，怎麼會去限制不做呢？

靈的功課不做，靈體壓力大了產生過壓現象了，再來說是卡外靈，再來說祖靈干擾，冤親債主討報，這是甚麼道理？請問如果因緣眾生跟祖先都過得很好，需要來討嗎？都過不好了，還有能力來討嗎？只能來求你幫忙而已，那誰是主？誰是客？為什麼你會處理成主客易位的現象？那靈修該讓靈做功課的都不讓做，你說靈會進步嗎？靈可以強的起來嗎？這是靈修耶，你沒有辦法讓心靈合一去理解靈動靈語，反而去限制，不是很奇怪嗎？好比去上學但功課都不做，在學校只願意上本土語言課，外語（靈語）課都不上，體能課都不上，不運動，你說成績會好嗎？身體會強健嗎？這是甚麼教學的道理？靈修系統是跟無形師修學，無形師要帶動你靈語、靈文、靈動，「人師」你卻教人要抗拒，這樣的邏輯是不對的啦，靈修的人師，應該要遵從無形師的指示引導學子，而且是要能跟靈溝通，要可以跟神尊溝通靈語文跟靈動的意思的，如果不能，也要謙卑的尊重神的引導學習，而不是去掩飾自己的不能。

現在也已經有靈修宮廟直接帶人學習靈語、靈文的溝通了（不要變成去逼明牌就好），除非你沒有靈修體質，否則你的靈應該也會帶你離開這種不靈語不靈動的仿靈修的習修系統，千萬不要因為「人」情，而讓靈陷在痛苦不堪的地步，一個修習的地方不適合，靈最清楚，該離開就離開，你的靈需要成長，因緣到了，或是受不了了，靈就會告訴你，這是很自然的現象，不用不好意思。至於沒有因緣或排斥進入靈修修行，沒體會或不懂，甚至不能靈動、靈語來批評或限制靈動，這也是正常，但帶領靈修的「人師」，還拒絕靈動，不說、不懂靈語文甚至排斥靈動靈語，只能說…你要加油。

那到底為什麼要靈動？其實靈動在靈修的過程中，祂是必然會發生且必須要做的功課，有的系統號稱他是「神功」，卻是人在教，這是把人「神格化」，難怪有人會自以為會靈動接神尊的靈駕了，就把自己當神了，其實靈語文靈動，都只是一門必修的功課，靈動的基本現象在上篇文中初步已經提及，靈動是自己靜心下來後，透過感應接收自己主神或師尊的靈的頻律而做的動作，是靈與靈的頻率相對上以後所做的動作，基本上都是自己本靈在帶動身體做，不管是初步的做筋絡筋骨的調整或是後續做拳腳功夫的動作，甚至是最終接自己主神或神尊的動作，都是本靈接到訊息所做的動作，就像我們的收音機，手機或電腦在接收視訊一樣，並不是手機，電腦自己製作節目來播放，本靈做的只是接收／播放的程序而已。

既然是這樣，那靈動的作用在哪裡？最大的作用就是靈的壓力的紓解，最多人的講法就是把它當成運動，類似透過視訊教學，讓自己的「心跟體」去學習跟調整，把「體」調整成靈活順暢的狀態，也讓心能舒暢，這是相當於自我靈療的機制，這是最基本的，除了筋骨調整，還有能量走透全身，排除體內廢氣跟阻礙物質，這是在調體，再來就是練習訊息的接收，當我們在靈與靈互動的時候，就是我們心靈合成一氣的練習，每一次靈動，都讓自己的接收能力更清晰，更加強，就像打太極，越打動作越細膩，越到位，功力越強，靈動靈語的接收就是在做這個功用，讓你接神尊的動作是細膩無瑕的，到最後就是心靈合一的狀態，到時你自然知道靈語在講甚麼，靈動在做甚麼？

這是身心靈的調和的必要功課，再來就是在靈動過程中，靈會自然去接神尊賜的法器寶物，再透過靈動讓靈的的功力再提升，在打坐靈動中，就是神尊來教導法器寶物的使用的時機，或是神尊來教的功夫，都是透過靈動去熟悉這些動作的，也可以在當中排除無形眾生外靈的干擾。

所以靈動是在排解壓力，清理體內的淤積，讓靈成長的基本功課，至於自己學的程度如何，要看你自己有沒有放空去學習。很多人都以為是自己本靈很厲害可以去做很多靈的事，其實沒有神尊的帶領，你到底有多大的承載力，可以承受多少因果業力的牽引，這是值得思考的。至於先天通靈者，有些會跳過靈語靈動的階段，靈語或許不用補功課，但打坐靈動來補強自己氣場是必要的，會讓辦事的力道更提升。

下一篇再來講眾生外靈的靈動和神尊帶領的靈動的各種現象。

3－2 何謂真正的靈動？如何分辨本靈與神鬼的互動

曾經有一個師兄以甚麼是「真正的靈動」，來詰問我，他提到：

真正的靈動乃靜坐（包括坐、臥、行、住）時，自己肉身不動，而原靈自動，時而感覺自己在打拳，練劍或其他動作，但肉身完全沒有動作，修練至此才能叫做靈動。

如果這樣稱為靈動，應該就不會有人去討論靈動，因為一般人是看不到這種靈動的，這位師兄還強調必須天眼通的人才看得到，但是台灣到底可以找到幾個真正天眼通的？所以能提到靈動的機會應該不多。而這種只有靈在體內動，而體不配合動的狀況，正是一般「靈逼體」現象產生的原因，可以想像一個皮囊（或布袋）有一隻動物在裡面衝撞想要出來的情況嗎？一下子這邊凸一下子那邊凸，怎麼安定下來，不是布袋破了就是動物精疲力竭了，這就是靈逼體的現象，最後就是人靈兩傷。如果自己可以感受到有一個靈在體內動，那豈不可能也會有感受外靈附生在體內的情形？

坊間對於靈動或轉靈台大該都把它們歸於靈山，或是把靈修也通通歸入靈山，對於靈修、通靈或是與神尊接觸的說法，也有頗多質疑不能接受，其實又何妨，每個人接觸的領域不同，對於進入靈修領域者自己清楚在做甚麼就好，做好自己最重要，不要流於只追求神通卻忘了把人做好。當然也有很多把傳統道派、術法修煉還有人為儀式套到靈修修行的範疇來，讓靈修變成「人在主導靈」的雜亂現象，搞不清是在修術法還是在修靈，也是造成靈修負面印象的原因。

要講靈修，我們先界定一下名詞，我們稱有一種正向帶動提升成長的力量，是令人舒適愉悅的能量，我們稱之為「神尊」，反之則是令人不舒服的「無形眾生」，因為能量的性質不同，所以在靈的帶動上會生不一樣的感覺。有些人或團體只定位本靈是自己，那神鬼眾生都算是外靈，但也有團體將正向能量自己願意接受的稱為「本靈系統」，同一系統是稱為「我們」的一種「一體」的認知。其實只要自己定義清楚就好，不要被閒言閒語影響了。那在這裡我們統一把本靈以外的靈都稱為外靈好了，包括神鬼無形眾生。

那怎樣稱為「靈動」？我們稱人是身心靈的組合，基本上身心靈合一的話就是人動也是靈動，這個動是本靈的動，靈本來就有在動，為什麼還要特別稱為靈動？就像人每天就有在活動了，為什麼還有一種鍛鍊身體的活動特別叫做「運動」，運動的目的是甚麼？那為什麼還要特別把「靈動」標註出來？「靈動」的原因是甚麼？目的是甚麼？為什麼我們會看到靈動？

基本上運動跟靈動都是人的身體在動，運動是有經過設計跟需要學習的一種規律重複或韻律性的活動，目的在健體，其主導者是人的意念作用；而靈動則是透過非人為的引導，由靈的作用所引發的身體的活動，這種活動不是人為意識控制或因意念而作為，而是靈透過接收外在能量的引導而產生，這個引導可以是自然界的能量或是第三空間其他靈體的作用，基本上是由靈帶動體來活動，大致上可分為幾種現象：

1.本靈不在，純粹外靈的作用，由外靈來帶動身體，這是乩童的現象，只是乩童這個外靈是我們稱為正向能量的神尊。一般動作完成，神尊會自然退出肉體。

2.本靈不在，由外靈來帶動，但是來帶動的非神尊，可能是負向能量的無形眾生（陰神或鬼），或是所謂的動物靈。這與乩童現象一樣，只是可能行事方式有偏差，一般人也無法判斷。但嚴重者外靈不退，造成本體的錯亂，成為卡陰。

以上兩種現象嚴格來講不是靈動，而是被外靈借體運作。本身沒有所謂的修行或修煉，外靈借體完成祂的目的即退靈，身心是比較無所覺知，會走火入魔或卡陰的大都是這種模式，因為這種狀況，本靈是暫時離體，導致外靈有機可趁。大致上這種現象是訓乩混體比較常見，在退乩時靈體交接有時間差，所以常見混乩時要綁紅綾護體。如果本身沒有進入本人身心靈的修行，則身體永遠只是一個工具，從年輕做到老，都只是重複在執行降駕退駕的動作而已。若能進入心性及靈性的修持，在與神尊接觸時自身能量的成長與提升會有很大幫助。這個提升會逐漸讓乩童成為靈乩，這與一般傳統宮廟或非靈修者一直認為乩童才是正統的觀念，有很大的差異，但在傳達接收神尊旨意上有很大的幫助。

3.再來是本靈接收正向能量神尊的引導，透過本靈接收的能量訊息帶動身體活動，這時人本身是有意識意念，可以知道身體所做的各種動作，並接收身心的感受，可以判斷是否舒適愉悅，而不管打坐或靈動完後，確實身心愉悅舒暢，活力充沛，這是正向能量所帶動的靈動。

4.若本靈與負向能量的外靈共處的身體活動，可以明顯感受有另一個靈在爭奪對身體的主導權，這就是所謂的外靈附體，可能是「共生」也可能只是「寄生」，共生的外靈可以共修或協助辨事，但畢竟對體（身心）是一種負擔，寄生的外靈則是單純以吸取能量主，會造成身體的不適。

以上第三類是由本靈與神尊能量的接觸，可以透過神尊的引導調整身心狀況，我們稱為主神或靈主或師尊，因為本靈要藉由「體」來感知及修行，而神尊要用「體（身心）」來教導修行或辦事，所以在靈修的過程中通常主神或師尊會先護體，再透過靜坐、靈動來調體理氣，讓身心處於優質的狀態，由本靈透過接收神尊的訊息來帶動身體的律動及調適心理，我們稱這才是「真正的靈動」，是靈與靈接觸後由本靈來帶動身體活動，透過本靈的接觸學習來帶動，不管初期以接近瑜珈或推拿的動作來調整筋絡筋骨，或是再來以拳腳套路來靈活身心，再到以轉靈台的方式清除心理的負能量，到後來以接收神尊的步法、動作或舞動來帶體靈動，都是在調整身心以配合靈跟神尊的運作，整個是正向愉悅的循環，也是在修煉本靈強化靈體的功課，這些動作都是靈與神尊的共同運作，人的意識可以清楚覺知所做的動作，也可以自主停止這些動作，但通常在修行的過程中，會感受到神尊或宇宙自然能量的帶動，大都是配合靈的運作的。所以當本靈穩定時，在與神尊配合的動作過程中，可以看到神尊之間的禮節和修養，這才是真正人間修行所要學習神尊的修為和精神。這種靈動，本靈並沒有離開自己的體，也沒有借體給神尊用的問題，這是傳統訓乩宮廟一直無法理解接受的問題。

至於第四類的問題，一般都會產生身心的不適，因為會有本靈與外靈爭體的現象，所以在靈動時常有扞格不入的感覺，也就是人與靈動作不和諧，會卡卡的不順暢，有時候只是覺得怪，但不知原因，其他如身體莫明的不適，檢查不出病因，走路跟做事時的身心手眼不協調，容易跌倒或出岔，甚至外靈起時，常有莫明昏倒的現象，這些一般稱為卡陰或附體，若說到要到宮廟，常會莫名的抗拒，在宮廟會靈動但又有害怕的心理，人也會若有所知並非神尊來帶動，甚至外靈顯現則有超乎平常的舉止言行，或是身體的不適或是尋求協助的現象。所以當你在靈動或在靜止時，可以感受有其他靈體在與你爭執或指謫貶抑你時（負面的作用），大都是所謂的無形眾生的外靈，或寄生或共修，其實都會造成干擾。

有關卡陰附體或外靈干擾的現象，一般都只是因緣眾生來依附，坊間宮廟常以冤親債主視之。通常帶有敏感體質或是在人本靈較弱時，比較容易被外靈干擾，如果有沖犯到，要抓交替的，或是有不禮貌的言行，隨機遇上的，大都是因緣眾生，這種不適的反應比較快速，而敏感體質者常遇到的就是求救或要借體共修，大都是長時間才反應出來，或是已經出現異常狀況了才被發覺，這種就是本靈與外靈的強弱消長的反應狀況，本靈已經弱到無法與外靈抗衡了，所以反應在身體的病痛或昏眩無力，這是本靈在求救的反應了。至於冤親債主的討報會比較直接，會反映在實際的生活上如家庭相處／財務／工作／健康上的困境或阻礙，要適時的求救，但也要研判去處理時對處理方式或狀況說明的合理性，最好要求有相對的驗證的事實。不管是因緣或冤親，一般業力現前，通常神尊來辦事，都會講明因果，並讓求助者可以驗證，取得冥陽雙方同意才會辦，所以要去求助時，盡可能要求證後才辦。

基本上，靈修修的是自己的本靈（元靈／原靈／先天靈），不是外靈（不管是正負向能量的外靈），是本靈向正向能量神靈的學習與互動，是人神兩利的，所以代言人在行使代言人的職務時，本靈同時也在學習在提升，本靈帶體在做任何活動，人的意識是清楚的，對於所接觸的是正負向靈也是清楚，對能量進來是可以感受的，所以坊間一直批評靈修或靈山是外靈入體或借體，會走火入魔，純粹是以乩童的角度來看，靈修是靈跟靈互動，由本靈接收後帶動體（身心）來運作，與乩童的本靈退讓，將體借給外靈（神尊）使用，本身沒有覺知的狀況是不一樣的。所以乩身如果進入修行後與神尊的接觸會更清晰，接收品質也會更提升。

一般人會把所謂的靈動，轉靈（或稱轉靈台、轉蓮臺、轉蓮花……）當成功法在練，還要拿蓮花在那邊轉，以為這樣就可以起靈或是進入與神尊互動的狀態，其實這都是人的想法做法，當神尊來帶動你轉靈時，腳下或手上的無形蓮花會自然運轉，若你沒有進入心靜的放空狀態，要轉靈是要做自己設計的動作嗎？轉靈轉圈是要練習平衡嗎？還是純粹只是自己做運動而已。所以要靈動是要把人的意識降低下來，讓靈自主，「靜坐」是一個基礎，這個基礎是練習把自己放鬆放空，進入一個「無念」的狀態，無念是沒有任何念頭升起，或佛家說的「入定」，並非沒有意識，只是不讓人的意識作用，透過靈覺的作用與神尊做交流，然後自然進入神尊或本靈來帶動的靈動或轉靈台的動作，當你習慣可以靜心放空時，不管行住坐臥都可以很快進入這種狀態，此時便可以自在的靈動，當你需要轉靈時自然會帶動你轉靈，而不是人的意識想要去轉，又或者你轉了之後可以交給靈去運作也行，但通常並不是每次打坐靈動都會轉靈，當你需要提升或需要清理負向能量時，是自然帶你轉的，你不轉時也會有強大的力量要帶動你轉，所以應當隨順自己的感覺，自在的靜坐、靈動、轉靈，甚至必要清理負向能時會嘔吐、打嗝、打哈欠，都要隨順自然，但畢竟是在人間修行，也要避免影響他人。

3－3 靈逼體與外靈附體，借體共修的判別？（一）

最近宮裡處理了幾個師兄姐有關外靈附體的問題，談論中又提到了所謂的靈逼體的現象，一般修者大概都無法區分，尤其對於眾生外靈（這邊指非高等正向能量）來借體共修的現象，更是混淆。當然如果以靈體統稱而言，外靈也是靈，但外靈現象通常不是逼體，而是附體、借體或佔體，與所謂靈逼體的現象是有所不同的。

這讓我想起之前有信者來宮，希望能幫忙處理他兒子的狀況，他兒子因為車禍，被救起後完全變了一個人，這在我們來講應該是已經完全被佔體了，佔體是這個體完全為另外一個靈所用，原來的靈已經不見或只剩微弱的意識在，說起來已經沒有作用了，有點像原來的靈被換掉了，這是被迫「換靈」，因為這現象已經十幾年了，所以想要召回原來的靈機會渺茫，只能勸其父母接受現狀，好好對待相處。佔體的現象還好，至少身心靈還是都單一化，只是前後呈現不同靈的人格特質，對之前認識的人來講有個性上的差別，其實還是像一般人一樣生活作息。

處理所謂的外靈比較麻煩的是借體或附體的現象，借體或附體大都是與原來的靈共存，依個別靈體的強弱狀況，會呈現不同的身心個性狀態。以借體而言，大都是外靈強於本靈，所以外靈隨時要展現就可以展現，造成本靈的困擾，在身心上則會呈現不同的人格特質，好像一個人會有兩種甚至兩種以上的人格。附體也有類似的現象，祂可能會依住附在人體某個部位，只是來依附的外靈通常比本靈弱，只能依附在個體上吸取能量，等候靈體壯大，算是比較潛伏型的，但當本靈較虛弱或某些特別事件時，祂也會顯化出來，也會展現另一個不同的人格特質出來。

借體或附體共修比較能判別的現象在於看外靈的展現，祂是忽然來去，不受你的意識控制，接觸的現象是微冷的感覺，帶動你的「體」做靈動時會有不順暢或卡卡的感覺，很明顯是被驅動的現象，做完功課「體」會有虛累的情形，主要原因在於你的本靈與之對抗，自己（本靈）會有不願跟隨不想動的思維出來，所以自己也會很明顯感覺是外靈在作用，因為會有違反自己意志的感受。至於來借體辨事的外靈（或陰神），你就會有明顯的覺知，因為靈量相差懸殊，很容易分辨。

當然我們也不能說所有外靈都非善類，也是有真正想修或共同辦事的外靈，有祂修行的能力在，但畢竟我們將祂歸類為「陰」，與我們的能量類型有所差別，對人體也會有影響，其主要原因，我們就以冷熱溫度的變化來說，陽屬的神尊或我們的體是高於常溫或同等體溫，接觸會有熱氣籠罩的感覺；而陰性外靈是低於常溫，所以接觸會有冰冷的感覺。那以物理原理來講，物體接觸都會有交流，讓溫度或壓力趨於中和平均，所以高溫熱體能量會流向低溫冷體，導致原來熱體溫度下降或失衡而產生不適。所以外靈依附在體內那個部位，就在那個部位吸取能量，使原來器官運作損耗或作用力降低，那個部位就比較會產生身心上的問題或不適（病徵／失衡）產生。當然我們會要求身體有疾病要先做醫學上的檢查，不能一概以靈體問題來解釋，而其實這些外靈依附或所謂靈體病的問題，醫學上通常是檢查不出來，待醫學檢查不出原因了再來做靈體上的處理，這是應該要有的認知和態度。

當然不善的外靈我們會溝通請其離開，以先天神尊的做法還是會用渡化的方式，和善的與外靈協議溝通，另外也會要求加強人本身靈體的能量，做好自身保護的動作為主要方式。若是一般宮廟法師道士的處理，則比較會以強勢手段來斬妖除魔（驅離或收伏），或是比較武力（拚輸贏）的手段來處理問題，當下容易見效，但是若本身能量不足，還是會經常要卡陰，就要常常到宮廟處理，所謂治標不治本，所以修自己把自己能量俱足才是根本解決之道。

至於外靈共修跟辦事，基本上還是不合道的（陰陽有別），除了影響個體健康之外，功果也是外靈所得，通常個人業力功德各自承擔，那到底共修辦事的能量或業力跟功德要如何分配？如果本靈較弱，外靈比較霸道強勢，其實本靈只是在虛耗，無任何功德可得，一個是能量強弱的問題（弱肉強食的自然法則），一個自然的平衡造成的流向的問題（冷熱溫跟高低壓的平衡），另一個是外靈像海綿（血蛭或蜱蝨）一樣有吸取能量的現象問題，沒吸到飽或所附本體耗盡很難會想離開；因為外靈只是借你的體，卻不見得會保護本體的周全。

另外在無形方面你是無法作主的，如果又經常呈現外靈的特質，久而久之，就是外靈的展現了，當祂視借體為理所當然時，基本上就會來與本靈抗衡，那就會呈現所謂的雙重人格或多重人格的狀況（有時附體借體靈不是只有一個），互相對抗的結果就是人格分裂或精神異常（憂鬱躁鬱），這是在非善類的外靈主導下常有的結果，即使沒有到分裂或異常，本靈或自主意識還夠強，長期抗衡下來，本體也會呈現耗弱的現象，或是因長期處於對抗或被壓抑不得伸展，也會呈現虛弱的現象，即使溝通請走後，人還是需要一段時間的調養才能恢復。一般被外靈依附而產生的精神問題，時間久了通常比較難治癒，因為自我意識會錯亂掉，也好像植在體內的異物被衍生的肉包覆了成為一體，很難清理一樣，也算你把外靈養大了，會尾大不掉。

另外有關卡陰的現象，卡是一時的因緣，就好像髒污留在物體的表面，淨化一下，清一清洗一洗就好了，至於附體借體則是寄生在你的體，有的是已經與你共生了，所以要清理會比較複雜跟困難。

3－4 靈逼體與外靈附體，借體共修的判別？（二）

再回頭來談一下「靈逼體」的問題，很多人把修行上的問題或是明知應修行而沒進入修行產生的精神與身心的不適，跟所衍生人生遇到的問題都把他歸類為「靈逼體」所導致，還有人把外靈來附要主導肉體也歸類為靈逼體，剛已經提到外靈不是要逼你的體，他是要主導或依附肉身，而不是逼迫，想要主導的外靈絕對會比你本靈強，要依附的外靈則大部分會比你本靈弱，所以寄生、共生等候壯大，基本上不是逼迫，那會有自覺被強迫做某些事了，那是外靈已經主導了但與你本靈在伯仲之間，有所拉扯，所以你會自覺，要與之抗衡。那不管附體或借體的情況，你會去求救，其實是救你本靈也救外靈，當然不包括被斬妖除魔的，通常神尊還是以渡化修行為主，所以也是互相都得解脫。

那我們所謂的「靈逼體」一般是在說自身內部的壓力問題，也就是自己「身心靈」部分的不協調，是自身的壓力不平衡，原因在於靈的覺醒跟心的覺醒時程不一致，所以靈的運作成長快速，而身心未覺知或已覺知但人身有排斥或抵抗的傾向，是身心靈不能配合的狀況。這就好比我們開水龍頭，水在水管裡流動，如果正常出水就沒事，結果水管出口被捏住了，或有設備擋住了，結果水在水管裡堵塞形成水管的壓力，如果不增壓還好，如果繼續增壓，不是水管爆掉就是設備爆掉，這是源自於自身的壓力不能紓解所致，靈逼體實際來講就是自己身心靈的不和諧，這種壓力會使人煩躁，嚴重者憂鬱，只要紓解壓力很快就可以恢復，靈逼體會煩躁壓力大，不會人格分裂或精神異常。

一般人常會說靈逼體讓你的身體不好，家庭不和諧，事業不順，甚至說嚴重的會考驗到生重病或是家庭破裂或是事業倒閉，真的天大的烏紗帽蓋頂啊！！

其實這都是自己能力不足和做不好的推託之詞。我們來看看為什麼會靈逼體，身心靈都是自己的阿，會搞到靈逼體只有幾種原因，一個是自己的靈覺醒，並且成長太快，人的進步趕不上；一個是人的無知，不懂靈的狀態或被誤導，會擔心害怕，有自我排斥的狀況；另一個就是人的自我意識太強，自恃人的能力不願配合靈。綜合這三個因素，只是人的自我意識太強，阻止了靈的發揮或明知而不願配合靈的指導，所以靈預知了告訴身心，結果被壓抑了，結果人以己意一意孤行，出狀況了才在說靈逼體，為什麼靈要逼你？要逼你是要你趕快正向處理或修正阿，有聽說過靈逼你走歪路的嗎？自己一意孤行走錯了，靈來提醒告知，結果還被人家說烏鴉嘴一樣。

之前也遇過一個營造的朋友，自稱是老祖的門生或茶童忘了，常說靈會上去會老祖，跟某某神尊很熟，神尊都會來看他，以前說事業有成了才要服務，才有時間修，結果後來生意出狀況了，再回來跟神尊談條件，要怎樣怎樣才有辦法修！其實都是自我意識在作用，認為神尊應該怎樣幫我才是，我要到甚麼時候，做到甚麼程度我才要做，才要修，結果被自己的心蒙蔽了，思慮不清了，做得好的被自己的得意沖昏頭了，做不好的被自己的怨懟蒙住眼了，結果抑鬱不得志了，再來怪說靈逼體，「靈」真的很無辜阿。其實靈哪有逼你，祂只是來告訴你應該要做甚麼？要怎麼做？祂不會要你一天到晚做神尊的事不用生活，或是要你閉關七十二天一〇八天，或是一定要做乩童或整天待在宮廟裡辦事修行，祂只是要你在人的忙碌或是盲目的追求之中靜下心來，把身體生活事業做一個休養跟調整，重新審視自己跟自己的人際關係、生活事業，能夠心清靈明的觀察看待之後，再繼續往前走，他並不會要你放下人事都不理，一味追求神奇的境界的。

基本上「靈逼體」主要還是來自於對神靈世界認知的缺乏和懼怕，懼怕是因為無知和不能理解，還有人的我執和我慢，不能信服於神，所以「不知」、「不能」和「不願」與神靈配合，靈的壓力沒有出口才產生的自體的壓力，一般都將靈逼體講的很可怕，對於自己沒有進入修行的心境所產生種種不良和嚴重的後果，統統歸類於沒有和神靈配合修行所產生的靈逼體。其實也算是啦，沒有將心靜下來，沒有臣服下來，所以沒辦法沉澱思辨自己所經歷所言行的事，耽誤了修正的契機，以己為尊，自然產生了非己所願的結果。要處理靈逼體，真的很簡單，只要將自己謙卑下來，人若願意回過頭來承認自己的錯誤，檢討自己，再與神靈修行配合，壓力源降低，靈逼體現象自然消除，思維也會比較清明，哪需要法事，祭改？將心謙卑下來修自己，與神尊做接觸就好了。

那一般人修行都還在求一個「玄」，但是修行的主要目的應該在於「悟道」，悟道才能超脫。「求玄」是希望有能力跟神尊溝通，能夠展現威神力濟世助人，希望擁有神通，但是大家都忘了，人本身還要先修好顧好咧。想一想，真正能成神成佛的是在一個「玄奇」能力的培養嗎？不是的，成神成佛的關鍵在於「悟道」，不是在於能夠與神尊打交道，老子騎牛飄然而去是因為悟道，釋迦牟尼在菩提樹下開悟，也是悟道，不是通靈也不是精通法術科儀。神仙般的生活是在悟道而後能開闊自心，理解自然之理而行事無扞格不入的現象，才能自在自如。當你擁有神通卻在七情六慾內轉不出來，連慾望跟情感都超脫不了了，如何助人？如何超脫生死？

3－5 轉靈台與靈逼體的觀念溝通

有關於轉靈台的這個問題，很多人還是會把它當成一種功法特別去練，在人的意識主導下去做「轉體」的動作，那轉體到底有沒有轉到靈，那就是看你在轉的時候有沒有辦法放空，讓靈接手去轉，所以一般我們不鼓勵直接用轉體去練，通常都是在打坐靈動起來後，由高靈直接來帶動去轉靈，因為在打坐靈動中，人的意識已經很放空，靈可以自主運作了，有必要轉時，高靈會直接帶入轉靈的層次。

說到轉靈台，有人說轉蓮台，基本上是高靈在淨化本靈的一個動作，那有人在問，到底是轉靈還是靈台，還是就是轉靈台，一般老師都說的很高深，甚至當成功法在練，需要蓮花擺陣才行，但是真正目的是甚麼？

簡單的說，我們用洗手台為例，洗手台本身是一個器具，他的功用只是在提供一個地方作為方便洗滌的所在，你要看的是「洗手」這個動作，還是「洗台」，洗這個外體的台，還是覺得就是「洗手台」這個東西，重點是甚麼？其實就是洗手（洗滌）這個動作而已，就是要清潔手的髒汙，把手弄乾淨來，洗台只是一個輔助的東西，其實沒有也沒關係。

所以轉靈台到底是甚麼？其實就是在轉靈，目的是借助高靈的力量把本靈清乾淨，包括身心太過堅強，過度忍耐的鬱積，或是不得申訴的委屈，或是靈本身受到沾染，就是靠「轉」這個動作的運用，利用「離心力」的原理，一次一次的排除身心靈的創傷，去恢復身心靈的自在，包括負能量的排除和正能量的補充，其實就像「洗」的動作一樣，當然你要加洗潔精用很多泡沫也無不可，但也不必把轉靈台想的太神奇或搞很多花樣，老實的靈動然後去轉就是了。

至於靈逼體，有的人說不會，有的把靈逼體說的很嚴重，連事業家庭不順都掛在靈逼體的帳上，或是被說卡陰，外靈附體或靈光病等等，需要「祭改」甚麼的，其實都不是，這只是身心未覺察或已經知道，但不願配合靈的運作所產生的壓力狀態而已，靈逼體也不是要把你綁在宮廟或整天與神佛接觸不工作，這都是很大的誤解。所以稍微再說明一下：

洪師姐：何謂靈逼體？

莫答：接觸神尊開發靈覺後的狀態下，一般人會與靈配合，與神尊接觸或修行中配合靈動、靈語等功課或活動，但有的人會排斥而不願意接觸，結果靈該做的事沒辦法做，就會想方設法要帶動人去配合，形成人被靈架著走的狀態，人就會有莫名的壓力或煩躁的現象，但只要去廟裡拜拜或打坐靈動，狀況就會稍微緩解，若持續沒作，壓力或煩躁會更甚，甚至影響人的思考判斷，但只要接觸神尊或進入修行狀況就會改善，這種現象一般稱為靈逼體，正確的講是本靈要修行要與神尊接軌，逼使身心去察覺，讓人警醒然後去配合靈的狀況。

洪師姐：若靈一直想要去做祂想要做的事，而這個肉體卻不想去，一直下來，會有什麼負面的現象產生？還是不會呢？

莫答：基本上靈逼體並不會如外界所說產生靈光病甚麼的，主要是自己身心靈的不協調，好像自己跟自己衝突，人跟靈的意見會相左，所以在思考決定上比較會產生遲疑或錯誤判斷，這個部分大都是人會以人自己的思維為主，忽略了靈給予的建議而產生，基本上大都是心理的不安煩躁所產生的問題，所以只要把自己靜下來跟神尊接觸，去拜拜或去大廟坐一坐，不要都不接觸，就可以改善下來。

3—6 靈修的自然與無形的自在——有關靈山詩文（歌）傳唱的現象（一）

很多有敏感體質（靈異體質）的人，在初期接觸神佛時，常常會打退堂鼓，因為在行將修行的時候，會遇到的說詞就是：你跟某某神佛有緣，你要修行啦，不修你會很不順，你要替神尊辦事……等等，尤其是「要為神尊辦事」這句話更具震撼性，因為一般人想到的就是要做乩童，要操五寶，想到就怕，那要修到底要怎麼修？要為神尊辦事要怎麼辦？通常都無法說明清楚，而對於靈修體質跟傳統乩身的不同也是無法分辨，所以會有誤解，因此通常都是能閃就閃，閃到佛教去念經，閃到基督教去唱歌做禮拜，常常就延誤到非常辛苦的時候（被逼到了）才甘願，或是有機緣透過了解的人講清楚並體驗了才甘願，結果回頭一看，才知道原來不是做乩童這回事，也耽誤了很多該做的功課。

對於敏感體質的人在接觸宮廟時常會有感應的現象，如果接觸到的是靈山或靈修的團體還好，如果接觸到一般傳統乩駕的宮廟，或是只是依附靈修之名的團體，可能就會被壓抑或排擠，尤其是對於靈動，靈語的不理解而禁止或排斥，再來就是有關靈文的傳唱，也就是一般所戲稱為歌仔戲的唱文跟舞動，稱歌仔戲不免有戲謔的意味存在，對於真正走靈山或靈修的人，對這樣的說法也只能一笑置之，因為非靈修或靈山的修者能理解或願意去理解的人太少，要願意放下成見也不容易。其實也是因為感覺靈修太簡單自在，靈山又到處跑廟會靈，汲汲於追求玄奇的無形神尊的力量，忘了修自己的人格跟品行來搭配，難免被視為怪力亂神。其實，這是各教派都有的現象，只是修靈山者及靈修者為新興的法門派別，難免成為矚目的對象。

有關靈山或靈修者的傳唱靈山詩文，因為有的團體表演意味太濃，而一般人對此現象也是缺乏認知，導致造成負面印象，也成為其他教派或傳統道教門派交相詆毀的現象，但是不是表示這樣就不好，也不盡然，其實只是一種異見或誤解。

網路社團有位「王×鳴」師姐就跟我提出質疑：

王：常常我們都不免會聽到靈山歌曲或是七字訣等，都是那幾個字詞在押韻，「開、來、台、在……」再怎麼唱靈歌，也是都說母娘有交代，靈子要加緊腳步回天……這樣的情況比比皆是，每每發生，難道師兄姐們不覺得這樣的修行是不了義嗎？這麼辛苦走靈山就是為了這樣嗎？

莫：師姐這種講法雖然有些偏狹，但應該也可以代表普遍人對「靈山詩文傳唱」的刻板印象，主要因為靈文歌曲在唱的時候，一般人是沒去也沒辦法了解內容（或說不想去了解內容），像王師姐你就還好，還會聽「尾聲」，但畢竟只是站在要批評的立場去聽，而不是想了解的立場，所以偏頗難免。其實只是唱歌仔戲這麼簡單嗎？那有沒有其他曲調呢？是只有ㄞ韻而已嗎？內容只有勸子行修、尋母轉回而已嗎？如果修靈山或靈修就只是這樣，那每個跑靈山或靈修者練一練就都可以接文了，都可以通靈了。有這麼簡單嗎？

先說說穿著隆重的服裝好了，為什麼道士做法要穿上道袍，乩童乩駕上身要穿上寶衣，濟公師父有濟公服，母娘系有各種服色的宮服，有些辦事還要盛裝，其實只是一個敬慎從事跟禮敬神尊的心而已，難道道士法師不穿道士袍／法師服，就沒有功力了嗎？乩童不穿寶衣就沒有神力了嗎？不是的，這是對自己工作的敬重，也引導一般人對於這個專業的敬重而已，所以母娘系服裝也只是這個道理。至於譁眾取寵的服裝或超前衛甚至不知「來者何神」的服裝，我們就不予置評，但畢竟只是非常少數。其實靈修或跑靈山是靈在修在接文，服裝只是襯托，自在接收自在傳唱與服裝何干，批評者也只是找個話題罷了。

至於靈歌對照，就像某師兄說的，不是背台詞也不是背歌詞，沒有三兩三確實無法展現的，要有深入靈山跟靈修的才會知道個中奧妙。

那有的人會認為那是那個宮廟或有形師在帶，所以內容跟曲調模式都很相近，其實這也是誤會一場。靈山歌曲不是有形師可以帶唱，而是自然接收曲調、歌詞文字自然而然在唱，是神靈系統在帶，例如現在某母娘來了，有能力接收的就會跟著開口唱，可以接收的可能不只一人，所以會有接唱的現象，曲調會一樣，但是內容會依據各人狀況而有不同，或是交代宮廟應辦之事，或是個人應調整的個性及做事態度，或是在修行上應精進的地方。那在辦事的時候，有關辦事稟文，用唱的跟用講的都會有，內容是隨事而定，看接的人或是修者的層次，會接不同的內容。曲調除了歌仔戲／哭調跟黃梅調之外，常聽的還有早期一首很出名的「美龍A」的廣告曲，還有流行歌，就像是改編歌詞的唱法，就我所聽到的至少有七種曲調，還有不知名的曲調，另外還有用吟唱用念的的都有。

另外在押韻用字部分，目前聽到的大都是台語發音，也有唱靈文的，不管唱靈文或台語，一般人還是聽不懂，無法理解，要很仔細聽。但台語部分除了「ㄞ」韻之外，常用到的還有「ㄟ」、「ㄝ」、「ㄧ」、「ㄨ」、「ㄡ」、「ㄥ」等韻，有時候同個字在台語有多個發音，也會有不同的韻產生，在以下的影片中，文中的韻是轉來轉去的，並不是固定的，可能是幾句一韻，幾句轉另一韻的現象，字數大多為七字，也有例外的，端看所稟或所接的文敘述何事而定。

另外有關唱文的內容，一般稟文文疏通常都是寫在黃紙上，蓋上宮印，再去稟文的宮廟神尊前念誦並燒化。但是在靈唱的狀況下，這些文是直接唱誦並稟上神尊處的，完全省去了有形文疏的型式，通常都是宮廟代言人傳唱，但師兄姐有些一樣能接能唱，也可以代行稟文接文的任務，都在傳唱中完成。傳唱也不一定會帶動作，端看所接神尊所稟為何事或場地而定。

至於傳唱稟文的內容，調教個人修行時，有個人修行問題的內容跟神尊指示的事項，在辦法會會靈或是在領旨領令時，內容則會有請來及蒞臨的神尊的名號，在辦事時會有來辦事的神尊的名號和所辦之事的內容，問事稟文時會有代替問事者與神尊溝通的內容，及神尊交代的方法等等，可以一人靈唱接文稟文，也可以是問事稟事或請旨領令的師兄姐與神尊（代言人）對接對唱，這個曲調和歌詞都是即時接唱的，你平時能練的就是靜心放空以培養感應接收的能力而已，心越清接收越清晰，雖然有唱卡拉OK的形式，但不是像唱卡拉OK，可以先背歌詞練歌的，因為來的曲調不一定，歌詞因人因事而異，有點像急智問答。

靈文傳唱大部分會是白話文，比較不會像靈語讓人那樣摸不著頭緒，其實不只是唱靈語無法聽懂，即使唱白話唱台語，還是很多人聽不懂，所以能否理解是心的問題（頻律共振）不是靈語或白話的問題。再者靈語有靈語的功課，靈唱有靈唱的功課，其實靈都會隨著你的傳唱或靈語靈動而一直提升，這提升包括自己靈質跟辦事代言的能力。所以傳唱就像講靈語／靈動一樣，是在做功課，在提升自己，不要因為人言是非或人云亦云而停止不做。在傳唱過程中，如果內容唱錯，還是會要你更正重唱的，至於內容跟處理事情的能力跟個人修行層次有很大關係，像初接者大都在調整個人修行心態及個人日常生活問題，來的大都是自己的主神或師尊，至於代言人看辦事的問題，能接的神尊訊息則無所限制，大都是宮廟主神，或主要處理的神尊，辦事層次越高，所接神尊層次也相對一直提升，並不會侷限在單一神尊。

當然我們希望每個修行人都能從自己的品性跟人格修起，讓人與靈及人與主神之間的格調及精神能夠相稱，而不是只是追求神尊玄奇的能力或是本靈的技能。這不只是靈修或靈山修者的功課，而是所有修行者的功課，讀佛經／道經也都是在提升人的心靈層次，而不是比背誦的多寡或以此為準據去要求別人，這些經典都是讓你修自己的，不是拿來要求別人做到或做為批評的準則的，更不是用做學問來詰難他人的，一個寬厚的心，一個包容的態度是向神尊學習的根本，靈山傳唱傳承著神尊的慈愛與關懷，用禮敬的心禮敬神尊與傳唱者是個人的氣度與見識。而修靈山者標新立異或誇顯神力的心態也應有所調整。

相關影片請參考FB社團—如是道生命能量研修協會／淨我還真靈修社團：

http://www.facebook.com/groups/morningsun.com.tw/permalink/1460664304052267

（也可參照本書1—2、1—3的記錄內文來了解）

3—7 靈文的對照與自我成長——有關靈語與靈山詩文（歌）傳唱的現象（二）

靈修是要回到簡單自在，但要真的親臨實證才能體會，因為一般宮廟修行或道法的修習，除了要沿襲傳統規制儀式之外，還要展示自己派門的能力並凸顯自己的做法與眾不同，所以疊床架屋的現象在所難免，要推新的名詞還要新的法式，學的都是人的作為模式，真正內涵是否如儀式演化的功用則有待商榷。真正術法符籙儀軌有其功用，根本還是要人正心正念正行，否則也是貽害，就怕「修法不修心」，「修形不修行」。

靈修或靈山大都用無形法，但很多宮廟道場都會沿襲傳統宮廟或自己原先派別傳承的作法加在靈修上，導致靈修的錯亂，一個部分是因為一般人還是會以眼見為憑，有法像，有儀軌，心裡才會踏實，一個部分是沒有實體的物質或作為，則無法衡量人世物質的價格，對以此維生的人來說是一大關卡。就像很多人都會質疑，神尊會要錢收錢嗎？都是人在斂財？真的是這樣嗎？

如果在幫人處理無形問題時，有有形物質或勞動力時可以計價，一般爭議就會比較少，因為有物質對價關係，比較不會有詐騙的嫌疑，再者使用者付費也是合理，只要事先言明，互相同意，其實就是買賣關係而已。神尊不收費，但協同神尊處理的相關的人事物都需要費用，替神尊代言、代行、辦聖事的人也需要生活，畢竟是人。其實倡導不能收費的應該請他有事自己去跟神尊博杯就好，基本上這些人是無法分辨詐財斂財跟酬勞付費的相對應關係的。其實神尊來處理事情就是很無形，也簡單到讓你覺得不值錢，因為無形的問題無形的處理，靈界的問題就讓靈界處理是最洽當的，人能做的很有限，但一般人還是必須透過代言人跟神尊溝通。

一般未進入靈修而反對靈修的人，通常的質疑就是無形，就是靈語聽不懂，靈文看不懂，靈唱詩文聽不懂，神尊你呼請就來，是不是神尊很閒，那來的能量是神尊是魔還是其他眾生靈？因為沒有能力判別，提出這種質疑就很正常，就靈語靈文來講，就會說你為什麼不用講的，為什麼不說國／台語，為什麼用唱的還要說靈語，神尊這麼有能力難道不會說國／台語嗎？乍聽之下好像很有道理，問題是佛渡有緣人，即使講國、台語你也不見得懂祂的道理，不是靈語或唱詩文的問題，那靈語靈唱詩文到底有沒有人聽得懂？當然有，只是不是這些質疑的人而已，如果是這些人的說法可以成立，那你的寵物可不可以質疑你為什麼不講「狗語」，不講「喵語」，而是講人話，狗界有狗語，人界有人語，靈界有靈語，各有其界，也因此翻譯官（代言人）才顯得地位特殊。為什麼有些通靈師可以跟寵物溝通？如果寵物也有靈，靈語可能就是靈界一個共通的語言。

靈語的作用就跟靈山唱文的作用是一樣的，靈可以透過靈語跟唱文來跟神尊做溝通，跟無形界做溝通，一般人無法理解，但代言人就是翻譯官，也是代執行者，就像乩童或筆生一樣的職務，只是代言人又比乩童或筆生更能清楚傳達靈界的意思，剛開口說靈語，大都是單音或單詞，漸漸就會成形成文，就像靈唱一樣，有的剛開始是唱靈語再轉白話，有的會直接開白話，剛開始唱文也是咿咿呀呀，接收不清楚，慢慢的稟文，呈文，接文漸漸成熟而能獨立辦事。

靈語要轉白話或是唱文的成熟度，跟個人靈的成熟度以及使命任務有關，為什麼代言人會成為代言人，除了先天賦予的能力之外，後天的修養及人品也是重要的因素，還有對於神尊的禮敬度與信服度都是神尊考量的問題，隨順自然是無形界的重要法則，在人則是講求所謂的因緣，有無因緣及因緣是否成熟？是代言人依循神尊旨意辦事的法則，這種能力無法也不能強求，沒有因緣就歷練人生，來清修累積智慧與能量。

其實接收靈語是接收祂的頻率，每個靈的聲音語調都不同，靈語也只是簡單的聲音去搭配語調的頻率來組合，很像摩斯密碼的傳送接收，傳達的是靈的意念，一般代言人大都是心通，接收的是自然湧出的心念，層次高的代言人則會聽到聲音跟看到影像並不是逐字翻譯，靈語的轉達比較是完全用通靈的方式，至於接收詩句跟唱文，則有靈乩的概念，直接從神尊訊息接收傳唱或有神尊降駕傳達的現象。

關於靈文傳唱主要是有關開啟靈識並教導個人修行，或是開文，接文，稟文，依個人修行能量而有差別，以下有以靈山傳唱辦事，個人接文，以及初接文唱文的不同情形供大家參考，每個人的主神或師尊因緣，並不侷限於一位師尊，或是侷限在師兄的師尊就是父系神尊或師姐就接母系神尊，不是的，因為靈的累世因緣，所以師尊並不侷限是父系或母系，而是多樣性的。

每個人的修行成長都是一道時間的流，過去現在未來的組合，不要害怕面對過去，放眼正視未來，勇敢的在當下做修正調整，自己的成長自己覺知，開闊自在看待自己的修行。

相關影片請參考FB社團─如是道生命能量研修協會／淨我還真靈修社團：http//www.facebook.com/groups/morningsun.com.tw/permalink/1477663379019026

3─8 再談靈山詩文的傳唱的曲調──借進庫補運的唱文說明其作用

馬來西亞的Loo師兄因為有共修的師兄姐唱文，而且是黃梅調的曲調，問我是不是除了歌仔戲的七字調，哭調仔，還有黃梅調。

有關靈山詩文的傳唱的作用，詳細可以用社團的搜尋功能，在如是道生命能量研修協會／淨我還真靈修社團內，有幾篇專門說明詩文傳唱的作用和曲調。

早期很多非靈修的朋友，都戲稱靈山唱文是在唱歌仔戲，其實這是對靈山唱文的誤解跟侷限，心侷限了，所以負能量（反對或是負面評價）就出來了。一般宮廟都還是運用有形的黃紙朱字蓋宮印，但對母娘系統的代言人而言，很多都是用唱文的，當然也有很多非母娘系的人是接文後抄錄於紙上，恢復到有形的儀式狀態，當然都是可以的，總比制式的儀軌跟翻抄內容或是自己期望的言詞來的好。

那靈山的傳唱曲調到底有多少種？當然比較熟悉的就是歌仔戲的調跟黃梅調，其他的調，其實沒研究也很難說出曲調名，但不下數十種，唱文大都是神尊降文由代言人唱，唱文也分很多層次，因個人修行深入程度而有不同，就像通靈，有的人稍微可以感應神尊，可以說天語靈語，他就認為已經通靈了，有的希望能接收白話，有的人心通，有的人眼也可以通，耳也可以通，有的人只能接觸無形眾生，有的人是接收神尊，幫神尊代言辦事，自己去分辨就好，不要別人說他通靈你就認為他確實通靈了，你就傻傻以為他說的就是神尊的指示，言聽計從，結果自己一團糟了再來怪神尊，其實是自己沒有運用智慧去判斷或是求證，你檢測的是代言的人是否真正接收神尊旨意，還是只是辦事的人的意思，求證並不是在質疑神尊，這種假藉神尊旨意的人，最會拿「對神尊不敬」、「懷疑神尊喔」來壓你，其實只是保護自己，驗證一下代言人是否真實接收神尊旨意，所以當下要判斷所說的到底合不合「情」、「理」、「法」再做，事後再驗證，並沒有所謂尊不尊敬的問題。

那靈山詩文的傳唱，跟靈語或天語一樣的作用，當然也是分很多層級，1.有的用於渡靈，唱文曲調就會類似佛道超度念經的曲調，以前看到有師兄稱這為「靈經」，其實每次渡靈唱文都會有所不同，就是該次渡靈的降文，稱不上經，要是「經」，應當是不變的內容，渡文稱為經就太過了。2.有的是還在整理自己的階段，所以唱文的內容有的是在訴說自己過往的狀況，或是神尊指示自己哪裡還需要修正，大部分會是靈語唱誦，進階的也會用白話唱誦，看自己接收程度。3.有的會替外靈宣唱（也可以說是被卡靈或借體），內容大都是敘述外靈自己的冤屈或糾結的因緣，求渡於神尊，通常文會比較長。4.那代言人辦事，神尊則會就求助信者的問題來說明，或是跟來求助者的守護神對話，會有開示，安撫，勸說，及消解問題的答案，也會有幫忙求助者上稟天聽的文的作用。5.那有一種還沒在修，或是初入修，就忽然會唱文，靈動的很熟練，這就不要高興得太早，很可能是被外靈來附體說話，是外靈在作用（卡陰或卡外靈）的關係，此時就要提高警覺，不舒服時要趕快求助。

相關影片請參考FB社團－如是道生命能量研修協會／淨我還真靈修社團：
https://www.facebook.com/groups/morningsun.com.tw/permalink/2308479012604121

第四章 天光雲影共徘徊

4—1 放開立場，回到最原始的能量接收——沒有人間宗教派別師門侷限，所以開闊 玉玄宮成長的第四週年（一）

剛開始創玉玄宮社團時，最常被講的就是「不學無術」，因為我既沒有五術經歷，也沒有在任何道教團體或傳統宮廟的薰陶或接受任何課程，更沒有在任何佛教團體禮佛誦經，或跟在哪個師父門下，（要算有就是高中時期在台中佛教蓮社蓮友子弟輔導團接受一些佛教思想教育，那時候開始進入史記的研讀），以前摩門教來傳教，我也帶小朋友去受洗，受洗完了還是自由自在，感謝耶穌基督的眷顧。

我沒有任何佛道科儀的概念或是戒律的限制這種思維，更沒有傳統宮廟的習俗或傳統禁忌的問題。唯一對我的思維及思想觀念產生限制的就是儒家的傳統的倫理道德的規範，從國中開始讀論孟，孔孟思想就一直跟著我，到高中國文老師交代一句話，我一直很清楚，他說「論孟不是拿來背，不是拿來考試的，它是拿來做的」，我才清楚不要讀死書，「拿來做」的觀念一直跟著我，她算是我思想的啟蒙老師，跟著她在慈光育幼院（老師是教保主任）住了一年，後來知道她是李炳南老師「雪公」的弟子，這算是我唯一跟佛教最親近的一段時間。

我的想法概念來自於儒家，來自於老子道德經，來自於禪宗公案的書，我沒有讀佛經，也沒有唸經的習慣，也沒有道教經典科儀的問題，所有的思想觀念來自於中國文學裡歷代文學家跟思想家，因為最基本的儒釋道思想都已經在文學裡面展現，那道德經是道家乾乾淨淨的沒有宗教色彩污染的道德經，易經是原始經典沒有術士色彩的易經，因為很早就進入中國文學的範疇了，文言對我不是甚麼問題，就是那麼理所當然地閱讀還有吸收，對文字的理解比一般人深入且迅速吧，再加上一點「拿來做」的實驗精神，由於我的「不學無術」，讓我不受限於各種佛道門戶派別的窠臼裡面，也不會拿經典當寶劍，但我很好奇的會去看乩童降駕辦事，會去看乩童操寶，但我有十三經，有二十五史，經史子集是百家爭鳴，是開闊的，另外我有一部佛教詞典，佛教名相太多，每個名相都是一個障礙，道教儀軌太多，每個儀軌都是一個障礙，道教門派更是複雜，幸好我都沒有鑽進宗教，一鑽研就會進入死胡同了，能有幾個稱為大師的跳脫得了。

有人問我到底師承哪裡？為什麼一些觀念會這麼不受窠臼侷限，其實就是因為我沒有門戶派別的基礎，所以就沒有特定派門觀念侷限的問題，也沒有必須遵循佛道那些戒律修行方式的問題，就連所謂靈山派門傳承，在我修行的路途上根本就沒有進入過我的修行範疇領域裡，也沒有所謂靈山的名詞概念，所以這些門戶派別對靈修修行到底有甚麼絕對性的影響嗎？因為沒有這些宗教傳統的束縛，所以檢測合不合理比較沒有先入為主或宗門派別立場的問題，讓自己可以從很原點很開闊的地方思考回來。道藏，經藏是學問的累積和紀錄，而我只從「精神上」去學習，這也是神尊一直給我的。

修行不一定要有宗教的，當我因為婚姻問題出現時，給了我破解儒家給我的桎梏的契機，倫理道德，四維八德，本來拿來修自己實踐的，在我的觀念它是拿來做的，也努力去做它，但是直到倫理中的婚姻觀念被打破，而直接讓我醒悟道德的對待處理問題，再則因為處理婚姻問題而一頭栽進靈修的領域，栽進與神尊接觸的感動裡，又再一次理解也深刻體悟人際關係與倫理道德的演化。現在的「倫理道德」說法讓很多人拿來告誡，說嘴別人，那自己做的又是甚麼？我慢慢從儒家的禁錮中脫繭而出，也了解治理者的用心，所以就開始了與神尊精神的學習，而沒有把自己陷在做宗教的學問，講經或活在無謂的道德桎梏或壓力下的問題了，但心中自有一把尺，如孔子所說是可以自在不踰矩的。

接觸靈修（非靈山）以來，一直接觸的都是通靈人，早期除了老師之外，師兄姐也有多人是可以接收訊息對談的，也體驗了通靈的詭異現象，在哪時就體認了，其實人做事沒甚麼好隱瞞，你的靈就是一部完整的記錄器，神是隨時監督著，當你確認有靈的存在，而你心中有神也敬神，你就知道甚麼叫做朗朗乾坤，你說會作奸犯科的人是很信神敬神的，很抱歉，無法接受，如果信神、敬神就會坦蕩守本分的。沒真正遇到困難臣服於神，人是比神還大的，時時提醒自己謙卑的心很重要。

4－2 一顆虔敬的心，願意以生命奉陪神尊的心念

玉玄宮成長的第四週年（二）

我不以研讀佛道經典為重，我只是看。經典是前人的智慧遺產，不管儒家／佛家／道家的經典都一樣，但是經典不只是要拿來背誦的，是要吸收要內化，只有實際去做，才能得到經典的精隨，我常鼓勵來修的師兄姐，要把自己的心得寫

出來，心得是經過自己思考，實踐以後在心裏內化了的想法，這才是會永遠跟著你的。

上臉書以後，常有看到其他師兄姐引經據典，或做為利劍與人廝殺，或作為戒板，訓斥指責或督促他人，其實這些經典都是前聖先賢「悟」到的「道」，是自我提升與引領助人「悟道」的心得，他的重點在於警醒督促自己，也在教人怎樣去實踐祂的精神，這些經典不是讓你拿來說嘴或作為武器的，如果你有所心得，可以訴諸語言文字告訴大家你的心得，你體悟到的方法，覺得應該要怎麼做才能達到先聖先賢的境界，才能提升自己，然後讓人做為參考，這才是先賢傳下經典「傳道」的目的，是讓人懂讓人會，讓人有所依循去做到祂的精神，而不是讓你讀一讀去跟人家比較，背一背拿來指謫別人沒做好。這不是經典的作用。

當你起心動念拿著經典內容去教訓別人時，可曾思考：你真的懂了多少？做了多少？在此同時，你也離經典的精神又遠了一步，你的心只會越來越「離經叛道」，遠離先聖賢人及神佛的意旨。讀經只是為了吸收祂的精神，經典是用來教你悟道並傳道，不是要你拿來跟人家爭競比拚的，因為你再熟再會引用經典，沒有內化，終究還是先聖前賢的。

我以前待的宮廟叫做心廟，也叫做心廟工×隊，當初兩個老師一起帶領，後來老師拆夥，通靈老師另外設立九天×旨宮，我是跟著這個老師的，再後一段才又回到心廟，心廟這個老師專門引導一些概念，我稱他為通「道」（不是通靈）的老師，我很多觀念都在這時期打開，這些概念來自於神尊的訊息，這是我在修行過程中唯一跟過的宮廟，不過因為後來宮的收費、取財方式越來越離譜，實在看不下去了，於是就離開了心廟工×隊。之前有新聞報導心廟工×隊老師被師兄姐告詐欺成立，有一位王×鳴師姐如獲至寶來說要用這個心廟的淵源做文章，要讓玉玄宮關門，我只輕輕告訴他，我是提告人之一他才無語，其實這位師姐大可放下了。

心廟供奉的神尊主要是無極至尊系統跟玉皇大帝，還有五母系統，修行方式就很簡單，也沒有傳統宮廟的禮儀科儀，不鼓勵念誦經典，也沒有誦經團或陣頭，只有與神尊接觸，回到最原始的「打坐」修行，用誠敬的心接收宇宙原始的智慧。早期在心廟（後期的廟店就不說了）在那邊看通靈老師辦事，才深刻體認無形的存在與神尊的強大威神力和能量，辦事之準確性及神尊處理問題的簡單快速，你會很清楚甚麼叫做「神尊」，甚麼叫做「通靈」，連帶的連人在做事方面也是很積極，很快速的，其實人的個性會跟他的主神的神性會有相關連，有同質性的。

離開心廟後，在經過慈惠堂母娘跟三清道祖的認可下，自己設立玉玄宮，承接的也是無極至尊跟玉皇大帝的系統。一直也都是通靈的代言人在辦事，所以在玉玄宮的對聯裡，我標注的是「師承玄玄上人（無極至尊）」。原本設定的也只是提供修行打坐地方的宮，是神尊的地方，不是莫林桑的地方，大家都是宮主，所以一切的一切，神尊自有安排，也都是最好的安排。

玉玄宮是實修實證的宮，所有的收穫都要師兄姐自己體會自己驗證，「江湖術士」跟「神人」這種稱呼跟莫林桑跟玉玄宮的任何師兄姊都不會有交集或牽扯，因為我沒有受過這種薰陶，所以沒有五花八門的各種術法跟話術，只有跟神尊接觸的感動。昨天有師兄姐來拜訪，很訝異的問了一句，「莫林桑甚麼都不會，竟然敢開宮，還可以帶這麼多人修行。」其實開宮就這麼簡單，只要一顆虔敬的心，願意以生命奉陪神尊的心念就夠了。說真的，甚麼都不會要怎麼開宮？至少我還會乖乖的打坐靈動……？而我確實真的什麼都不會，不會的是複雜的人為的想法作為，因為在我修行過程中沒待過傳統乩身宮廟或所謂道術概念的宮，也沒有待過寺廟或一貫道的場所，而儒家本身就不喜歡怪力亂神，所以一般概念裡宮主需要會的祭改／法會／科儀／陣法……還有人為複雜的作法，神神怪怪的修行觀念並沒有汙染到我，這些我一概都不會，我會的只是每天過日子的早晚三炷香，每天「跟神尊約會」的打坐，靈動，心意到，夠簡單。

其實也因為甚麼都不會，所以在玉玄宮只有人／靈統合的修行，簡單的神跟人，在玉玄宮的師兄姊都很清楚，神是神，人是人，代言人也是人，沒有神人的問題，宮主／代言人不會的，神尊都會，需要教的神尊會教。替神尊傳達觀念我肯定會，因為道理都很簡單，只是人把它做複雜了。玉玄宮期許的是更多的師兄姐一起來做神的「筏式基礎」的地基，「正向且全面穩定的」與神一同帶領同修的師兄姐成長，把踏實的「人間修行」的理念傳揚出去。要講莫林桑會甚麼？其實只要簡單的我都會，而修行最簡單的就是「把負面事件轉化成正向能量的思維」。

簡單講好了：我信任神，因為神不會嚇唬你，不會強迫你，不會唱高調，神尊更不會害你，不會對你下符，不會恐嚇你，更不會跟你比大小，祂只會引領你朝向更正向的目標，神尊處理事情是清清楚楚，直接跟你驗證對照，祂會讓你明明白白你的過程，讓你信服於祂，不會模稜兩可，不會神奇鬼怪讓你無法驗證求證的，一切都是自在的，不自在就不能稱其為神。各位思考一下你接觸的神又是如何?在玉玄宮不是莫林桑也不是代言人最大，在玉玄宮「神最大」。

一直接觸的都是靈修的通靈人，雖然通靈程度有別，但很清楚知道神尊與靈的互動，所以我一直期許自己做一個透明人，沒有祕密，沒有隱瞞，有錯認錯，要求自己調整，對的就是對，也不用擔心人家汙衊，是人有肉身就無法進入無形，只能讓自己做到沒有秘密的「透明」，思維行為透明化就自在了，因為沒有甚麼要擔心的，雖然沒有無形那麼自在。

玉玄宮一直以來，也要讓來修的師兄姐簡單化，因為靈修修行本來就是很簡單的事。

4—3 生命靈覺的涵養與提升(1)——「靈修病毒」程式的看待與掃毒

玉玄宮成長的第四週年（三）

與神尊接觸只有一個「用生命奉陪」的心念。這個心念不是依賴神，也不是人事不做只做神事，是人神的一個平衡，這需要智慧，要認知了解神尊是一個幫你提升的正向能量，所以判別只有一個原則：「合道的」、「正向提升的」能量。天地人的道理都一樣，一樣才叫做真理，所以靈修與神尊接觸的狀況真真假假，通靈所言假假真真，其實用一個「合道」、「合自然之理」與否來判斷是基本的，即使乩身代言也是一樣，如果神尊是一個正向提升的力量，對於負向導引的狀況自己就要有智慧去判斷。

雖然通靈者大多帶有先天體質，但是靈修會幫「隱性通靈者」開發達到通靈的能力是確實的，有體質但不知如何運用，不知如何與神尊接軌的，只需要加以引導。遇到好多例子，被傳統宮廟建議封掉所謂第三眼或蓋靈的，其實只能遮蔽，最怕就是被當「卡到陰」處理，這種被誤導的，就耽誤了許多功課或只能敬鬼神而遠之，盡量不接觸，也錯過了成為代言的契機。

通靈代言需要因緣，要不就單純與自己的主神好好修行而進入代言辦事，要不就需要培養單純的心境與觀念，禮敬神佛，會有神佛因緣辦事。最怕的就是懵懂懂，被非靈修修行人或視靈修為洪水猛獸的人錯誤觀念影響，也有很多修行宮廟主持忌憚有此體質的人，能力超越自己而影響自己威信的，故意加以誤導或用法術壓抑控制其發展的也所在都有，真的是很無言，就像現在很多宮廟或修行團體一直誤導不要靈動，不要靈語，不說不唱，只因為世俗的概念跟觀感上的不理解，而無法真正體會靈的需求，只能說是在幫真正靈修通靈的代言人或靈療之類的人找事做，或說幫神尊的倒忙。

我們說電腦有病毒程式，那說：不能靈動、不要轉靈、不要唱文的話語，聽不懂不要講靈語，看不懂不要寫靈文，在哪裡靜坐容易走火入魔，或是你跟神尊有緣，要替神尊做事，要到我宮裡修的，不修會怎樣怎樣，要來宮服務做志工——等等的話語，我們就可以把它們歸類為「靈修病毒程式」，不懂不會就不做？那哪有會的一天，這些負面思惟程式影響了有此體質的人的判斷，切斷了靈修的自然法則，阻斷了靈的正常紓壓路徑，造成人靈的不能統合和靈體的壓力，而讓人、靈產生不協調症狀。這要學會分辨跟破解，即使是細菌／病毒也可以有益人體，它也是醫生賺錢的好幫手，就像魔是神的好幫手一樣，沒有撒旦，不知道耶穌的慈愛，沒有魔鬼，就顯不出神尊慈悲與威神力，所以要正向看待「靈修病毒」，要掃毒除了強化對靈修的認知，也要增強抵抗力，並以自己的實際感應為準和簡單化的原則。

之前提到越是思維單純越臣服於神，就越能把靈力開發出來，「生命靈覺」是與生俱來，你越限制靈的活動就越難開發，這跟你越綁手綁腳就越難做事的道理一樣，所以要先認知「身心靈」三者的相對關係，然後把心念修正，把心謙卑且單純化，讓身心配合靈運作，就能把靈覺發揮，在修的過程中，師尊主神就會來教，進而有因緣為自己主神師尊代言。通常修行中的主要阻礙，不是外靈，不是妖魔，也不是冤親債主，而是自己，自己的心態的阻礙，自己人為意識的執著，所以要降下慾望，不要追求，不要比拚，看自己，修自己，謙卑禮敬人神佛很重要。做為靈修通靈代言人，也是要經過神尊的考驗的，慾望跟自我執著強者最終還是會被考驗離開，當神尊賦予能力而你忘卻能力之所由來而我慢我執，神尊裁決也是很明確快速的。

接觸靈修以來，也親自見識到有通靈體質的師兄姐，從敏感的靈識困擾中，透過靈修打坐被神尊加持而直接開通與神尊的溝通能力，進入所謂通靈的狀態，通靈是靈在通，通的程度有別，六識中觸覺的感應最快最普遍，鼻舌比較難定論，心（意）通是最基本，耳通眼通則看人。

玉玄宮第一任代言人是在「心廟」工×隊的課程中被神尊帶領心通的，而後同時離開心廟工×隊自己開宮也幫忙玉玄宮代言，也是一起提告心廟工×隊老師的人，後來因為要不要收費問題意見不同而離開；第二任代言人則是在玉玄宮打坐而被神尊引領通靈，後因其私人問題而離開，目前在某廟為觀音菩薩代言，這位師姐也是真正以神為尊，真正謙卑奉陪神尊的，沒有個人利益考量的代言人；第三任代言人則比較沒甚麼淵源，來之前已經可通，且能靈療，後來因我慢心起，無法開闊接受其他法門，被玉皇請走，但因我個人處理不夠圓滿，所以懷怨離開，也因此中傷玉玄宮而使原本在此修行的人離開，也是玉玄宮第四週年屢屢有人在網路散布謠言的起始，這是個人胸襟氣度問題，難以置評。雖然第四週年這段路走的辛苦，俗話說「樹頭站的穩，不怕樹尾做風颱」，人做得正就不怕風言風語，謹此感謝過往的代言人的陪同玉玄宮走一段路，也向因謠言而離開玉玄宮或社團／群組的人致歉。

在這一年，神尊交代辦了十場與神尊對話，算是開始正式對外辦活動，除了廣結善緣之外，是宮主檢討修行方向及要帶領修行的方式的再體認，也是讓新代言人認知神尊濟世任務的廣闊性的再教育，也是玉玄宮要將簡單自在的靈修與神尊的威神力發揚出去的跨步，玉玄宮是修行的宮，實證實修，要翻轉一般人對宮廟的負面印象，要將「生命靈覺」與「人間修行」做一個融合的詮釋，從人到靈到神，趨向統合圓滿。在玉玄宮宮主跟代言人是跟大家一起跟著神尊學習，一起驗證靈修是可以修到達到通靈的狀態的，也期待師兄姐能更成長，也希望你們超越，然後可以為神尊代言服務人群，做一個稱職的代言人。

4－4 生命靈覺的涵養與提升(2)——遇見謙卑與智慧的自己

玉玄宮成長的第四週年（四）

好的代言人是為而不居的，好的老師要教你的是要能自我判斷，自主學習，做一個有智慧的獨立自主的個體，而不是事事依賴老師，依賴神尊，而不敢對自己做決策和承擔責任的。在玉玄宮修，只會要求你修到能自助能助人，不是修了以後，事事不敢自己做決定，不敢去嘗試自我解決問題，凡事都要問過神尊，問過老師才敢做，那請問你修行做甚麼？修行要把處理事情的智慧修出來，不是依賴問答案，不是修到甚麼都怕，甚麼都畏首畏尾，一定要自己敢下決定找答案，要敢去執行，不要怕錯，錯了再修正，這才是在修，在玉玄宮只有一個概念，要修到成為一個「獨立自主的智慧生命體」。

在玉玄宮是跟著神尊學習的，宮主跟代言人也都還在跟神尊學習，如果你願意尊崇神尊，相信神尊，自己願意跟隨神尊，玉玄宮都歡迎。所有的學習都要「自己甘願」，雖然剛接觸時是宮主，是代言人讓你們對神尊有信心，但是後續的學習跟練習就是你們與神尊之間的承諾，修行的進步來自於你們自動自發踏實的做功課，是你們願意澄靜下來用心靈與神尊交流，要你們的心願意修行才有意義，不是宮主或代言人一直鞭策你們，所以玉玄宮沒有規矩，也沒有任何硬性的規定，只有自己把人做好，發揮自律自主的精神，把自己善的能量開發出來，因為與神尊的學習不一定要在玉玄宮，你在的地方神尊就在，只要你願意就可以與神接觸。所以玉玄宮嚴守神尊交代「緣來不拒，緣去不留」的開闊接受的態度，也保有一顆禮敬的心，禮敬神佛，也禮敬有情無情，有形無形眾生。在玉玄宮隨緣自在。但「自己一定要在」。

學習要用一個謙卑的心，要有自己就是學生的認知和態度，如果你是一個學生，能不謙卑嗎?能不尊師嗎?除非你已經停止學習，所以要時刻提醒自己還不足，沒時間自滿，要主動要努力，不要依賴，也不要把自己停滯了，宮主跟代言人能給大家的是經驗，是觀念，是方向的引導，讓大家建立修行簡單化的概念，但更重要的是希望大家能自主，能自立，不管在修心養性或靈質上的提升。

在過去一年（二〇六年），一共辦了十一場（十場對外，一場是對共修的師兄姐）「與神尊對話」的活動，參加活動的人員共一百四十六人，留下有三百四十八段紀錄影片，留下紀錄是我的習慣，一來是給參加的師兄姐了解自己的狀況，可以自己驗證或是以後可以互相對照，二來做宮裡的紀錄，當然有人質疑時也可以做證據吧。雖然名為「與神尊對話」，事實上來對話的就不只神尊，也會請師兄姐的無形的因緣眾生出來對話，很多師兄姐應該也會有這種經驗，就是感覺心裡會有另外一個人在跟自己講話，或是聽到天外飛來的聲音，但是就是不知道是誰？是無形依附的外靈或是神佛來說的，連自己都無法分辨，外靈來附當然造成困擾，會一直想要找答案，算追求也好，算尋覓也好，也有很多人因此而開始修行的旅程。那幸運的跟不幸的，際遇就天差地別。我自己還算幸運，雖然也花了不少錢，但是接觸的就是很單純的靈修，因為我喜歡清靜，不喜歡嘈雜的環境，所以幸好是簡單的修行，也感謝神尊直接給我這樣的接觸方式。

有人很質疑怎樣與神尊對話？其實關鍵在於代言人，很多人都說靈修會走火入魔，其實入魔的是人的心念，不靈修的人一樣卡陰，一樣走火入魔，我的一位蘇姓朋友是乩身，卡到要住療養院，還有一位目前建案的地主也是乩身，卡的更嚴重，四十幾歲去年底往生了，其實都是人的心念出問題，乩身也有很正心念替神尊做事的，所以走火入魔不是修甚麼法門的問題，是人的問題。那靈修的人，其實對於卡外靈自己是很清楚的，因為根本會「人」出現不一樣的意念跟聲音，很明顯會有干擾或不舒服的現象，都還可以讓你知道要求救，其實這也是來附的外靈所要的，他們要求助。那代言人對於神魔鬼怪的分辨更容易，就像買「玉」，內行的人一看就知道做色的或AB貨，質地如何，那更不要說分辨真假了，所以你說代言人與神或與鬼對話，要怎樣騙？我常說通靈是可以驗證的，就像玉可以鑑定一樣，通靈代言人是鬼也可以通，神也可以通的，質疑到底是與鬼對話或與神對話，只能說問的沒抓到重點？應該要質疑的是「通靈通到甚麼程度」？有人說要全部都通才是通，那是不是瑪莎拉蒂保時捷或雙B才叫做汽車？國產的就不能算汽車了？

與神尊對話主要的目的是協助在靈修上有遇到障礙，沒辦法提升的，或是被干擾沒辦法解決的師兄姐，不管是在靈修修行或靈體上的問題。那很多坊間提到的點靈／啟靈／靈主／外靈……，那到底是人在點還是神在點？其實這些對通靈人來說只是家常事，重點不在點出你的主神是那個神尊系的，而是要能跟你對照，讓你驗證，讓你清楚除了主神，還有幾位有緣的師尊會來教你。那對修行上的阻礙到底來自哪裡，本身有無形眾生的干擾嗎？神尊也會一併驗證並排除，對於靈語功課已足需要轉白話的，神尊也會指點並加以協助。當然也感謝來體驗看看的師兄姐的參與。也感謝修行路上的前輩，自己已經有宮堂的師兄姐來見證指導。

感覺神尊交辦玉玄宮的任務，比較是注重在教育與養成的工作上，所以傳達的主要以靈修的道及為神尊服務的心態養成為主，其實玉玄宮也是有在問事辦事的。在修行路上，學習跟練習都是需要的，那因為與神尊對話只是一堂課，對於對話後的調整及成長無法持續關注，所以與神尊對話的感動過後，對自己的警醒及要求能持續多久都是一個問題，當初參加與神尊對話後有持續到玉玄宮打坐調整的，都有相當的進步，這是學習效益的問題所在。所以今年神尊交代要辦的活動就有些調整，課程名稱是「生命靈覺養功班」，就是對於本身先天靈覺的開發，涵養，以及代言人的養成與因緣調整，預計會開4個班次，每班次課程會有

4個週次，每次4－6個小時，我暫且稱之為「通靈先修班」。玉玄宮不沽名釣譽，辦課程是需要費用的，要認知神尊沒有欠你，代言人也沒有欠你，也不想減損你的福德，沒有人或神有義務為你做任何事的。

對於靈修，真正體會到與神尊接觸到的感動的人，應該不會離開了，那坊間太多在傳統術法及乩身文化上冠上靈修的名，多了太多術士的人為操作的空間，導致修者被誤導或被詐騙而耽誤了該做的功課及修行路的進程，修者要當成淬鍊自己的功課，不要因此失了道心，與神尊的因緣是永世的，不管有修沒修，所有人的功與過在無形的功果簿上都會記載的，條條分明，行事一定要對得起天地，要勇於走自己該走的路。

當你從事一件工作或事情而不能深入或中途離開的，其實是不懂它的好，沒體會到它的奧秘，沒讓它成為生活中的必須，就像使用電視遙控器一樣，當你了解了遙控器的方便好用，請問你會再走到電視機前面用手按開關嗎？退轉的例子可以做為借鏡，但不必做為阻礙自己靈修的絆腳石。坊間太多「靈修病毒」程式，要去思考並排除。一樣強調「合道」、「合理」、「簡單化」以及神尊（正向提升的能量）的精神，是最好的檢測及掃毒軟體。

4—5 靈修不等同靈山——心靈自我覺察與提升的概念

玉玄宮成長的第四週年（五）

在玉玄宮修行是以神為尊的，不只禮敬神尊，也禮敬有情無情，有形無形眾生，因為這樣的信念，所以善因緣會連結，到玉玄宮拜訪的師兄姐也都謙卑有禮有節，不管是來求助，或是拜會結緣，或是來參聖禮拜，或是會靈交流，都有殊勝的因緣，神尊也禮敬來會的師兄姐，以同樣平等的心對待，所以不僅玉玄宮參與的師兄姐得到提升，來會神尊的師兄姐，我相信也收穫滿滿。因為玉玄宮只有傳神尊的道，神尊是無限包容的，沒有排斥或比拚，只有人自外於神，所以提醒師兄姐，人也要培養開闊包容的胸襟，格調涵養是自己的，只有修自己壯大自己，自己自在，才不會因外力而影響自己修行。對於來宮拜訪的師兄姐，不管來意如何，我們都平等看待，在玉玄宮只有交流沒有踢館的概念，因為神尊是永遠踢不著的，只有來會靈來求助，即使未盡和善也會在神尊和循善誘教導下臣服於神，這是一直以來我對玉玄宮神尊的信心，也是玉玄宮神尊的威神力所在。

開宮以來，很少跟外界宮廟交流，主要是平日有自己的工作要做，再來喜歡清靜，對宮廟繁瑣的科儀不懂也不想懂，熙來攘往的宮廟活動去參觀可以，要自己去這樣做確實很為難自己，所以還是自己修比較清淨簡單。因此對外邊宮廟的狀況，是否靈修，並不清楚，常有師兄姐要我推薦他們所在地方可以靈修打坐的宮廟，我實在沒有辦法，主要是對宮廟不熟，是否走靈修這一脈並不清楚，更不用談所謂的修行理念了，我唯一敢推薦的，就是基隆玄玄宮跟玄玄宮九天道場，因為是我阿愷大師兄的道場，比玉玄宮還單純，不過他事業做太大，不以問事濟世為主，道場算半開放，要進道場打坐，需擲筊請示，所以更清淨，更適合打坐靜修，不過要看因緣，還是要請道場主事師兄願意多撥時間跟大家結緣。

因為少與外界交流，所以宮這邊清淨也單純，「有緣者來，無緣則去」，但來去難免有人有話，當然玉玄宮不迎合他人的個人私慾，比神還大者在玉玄宮是不存在的，對於離去者是去者的個人理念跟修養，我們給予祝福。至於網路流言，清者自清，玉玄宮提供給師兄姐打坐靜修，庭院是開放，沒有大門，自由出入，宮門也24小時不上鎖，這是我的自我期許，要做到沒有祕密，也不藏私，只有這樣才能自在。也希望透過這樣磊落開放的模式，能讓玉玄宮跳脫一般宮廟「人我是非」的情形。會來玉玄宮者自有神尊的因緣，也會有個人的修行智慧判斷，把自己修成一個「獨立自主的智慧生命體」，才是玉玄宮簡單走靈修的要義。

也有師兄姐好意提醒不設門禁，功德箱開放，不怕遭小偷嗎？我常笑笑跟他們說，玉玄宮最有價值的就是神尊，有人願意祀奉神尊，願意請回去供俸是最好；其實在我的觀念裡，玉玄宮是靈修修行的宮，修心修德性，不修自己者（求玄求奇者）不會有因緣來到這裡，來了也很快會離開，所以我相信尊崇神尊且有心要修行的人，有自己心中的一把尺，根本不用擔心；若「外人」真的生活過不去了，需要功德箱的香油錢過生活，助他一把又何妨？所以到目前為止，玉玄宮還不會想訂規矩，設防備。以後開放眾人參拜，出入複雜了，或許會定個規矩吧。

感謝這一年參與與神尊對話的師兄姐，每一個人的狀況都提供我們再精進的機會，感謝來拜訪玉玄宮的宮廟堂及師兄姐，也給我們不同法門不同模式的修行體悟，其實去年有一位師姐是接收「光祖」訊息的，就是「光的次元」，在接收跟傳訊都非常明確，也讓我們見識到「光」的溝通模式，也透過代言人跟宮裡的玉皇對照，彼此相惜，可惜因為牽引過來的人的因緣不好，所以也受到影響，也就是後來有某位師姐一直在網路上汙衊玉玄宮的起始（本來是與她約，卻因緣來到這裡也持續彼此因緣），但畢竟這種對照並不是每個代言人都可以做到的。

再來值得一提的是一位何師兄和同行李師姐的拜訪，師兄是在泰國的一間廟修行的，後來一直長住對岸，原始是修象鼻財神法，後來是接印度神尊「毗濕奴（Vishnu）」，跟隨毗濕奴（Vishnu）修行，據師兄所述的觀念和做法，個人覺得應該是屬於「小乘佛教」的概念，印度教興起取代印度佛教，應該佛教傳法就沒那麼興盛，而且小乘佛教在我們這邊也比較少人修，但師兄的修法，觀念很接近靈修，師兄溫文爾雅，也是需要承擔「毗濕奴（Vishnu）」修行法傳法的行者，還有李師姐的拉薩米（Lakshmi）（或稱吉祥天女）的對照與對師兄姐引導，一樣令人感動。此次師兄在玉玄宮住了幾天，與師兄姐一起共修，並跟神尊互相對照驗證，也讓師兄姐體驗不同法門的心靈共振，感謝何師兄及李師姐。

靈修並不等於靈山，靈修的修行是身心靈的淨化統合與提升，並不局限於是哪個宗教，也可以說「儒釋道回基督」每個宗教都也都有靈修派別，甚至沒有宗教歸屬也一樣在靈修，所以玉玄宮一直就秉持開闊的理念，沒有侷限佛道教派等的門戶問題。像何師兄的印度神尊，基督教也都有從事靈修的教派，而靈修所接觸的神尊更是含括各宗教，像我接觸的就有藥師佛，觀音，普賢，無極至尊，五母，三清道祖，玉皇……等等，靈修是一個往內養身／理氣／修心／修靈，是正向提升的一個自我覺察與修正的概念，而不是對外渡靈，接靈或術法道門的修煉，基本上的概念不同，所以靈修修行是一個以「靈」為宗，以修心養性為基礎，神尊輔助的修行概念，所以當你進入神通的追求，忘卻人（靈）的心性與德行培養，終將陷入無止盡的劫考旋渦。

4-6 靈修會靈的成長與提升——往正向高靈能量的方向走

玉玄宮成長的第四週年（六）

一〇七年四月廿七～廿九日，利用三天的時間帶共修的師兄姐出門走一趟淨心會靈之旅，三天的行程要環島參拜想會的宮廟時間太趕，又不想影響師兄姐的工作太多，畢竟因修行影響日常工作生活並不是很好，所以做了分次完成的選擇。這次會靈，除了五母三清的主要會靈宮廟之外，也嘗試了幾個新的地方，一個是歸仁鄉二龍山金鑾寶殿地母廟，一個是台東太麻里鄉的珠華山靜修宮，一個是再回到六～七年沒去的花蓮秀姑巒溪出海口的大聖宮，這是比較未經人馬雜沓的「心」的靈氣匯聚地點。

要會靈如果自己沒有感應，其實對自己的體悟並沒有很大幫助，但是透過會靈受神尊或天地靈氣的加持，也有機會在會靈過程中開啟自己的靈識，所以平常淨心靜坐的功課一定要做，要開啟並穩定自己的靈覺，才能與宇宙的能量做另類接觸，靈動，靈語，接神尊的靈駕，在一般進香式的宮廟團體或許很稀奇，但在靈修宮廟應該是很平常的事，這些只是入門的基本功而已，只要你願意放空自己謙卑自己，跟正向高等能量的神尊接觸都是可以做到的，但是你要願意花時間去做，把生活時間調配好，讓工作生活修行有一個平衡，這樣才能長久，生活中各種事物在自己心中的比重是可以隨時調整的，重點你要願意把靜坐變成你的日常生活中的一部分，這樣你就會有時間靜坐了。

會靈與一般進香，掛香，參香不盡然相同，進香通常是主事者或乩身代言者請旨請令，而靈修宮廟要出門「會靈」，除了宮事的旨令之外，每個人也都要請旨請令，揚自己的無形旗號出門，代表的是自己的本靈及本靈師尊出門。通常無形界中無形對無形之間早已對照照會完成，所以常會有還未到宮廟，遠遠幾公里外就有人開始有感應打哈欠或嗝氣乾嘔等等的情形，甚至沿途一直收到訊息一路做功課（有的人甚至在公布訊息確定之後就開始一直趕功課了）；所以如果自己平常功課有沒有做好，就會比較失落的，那自己有沒有遵照自己師尊交代做事，有沒有與神尊照會提升自己的靈格，還是被「人」自己的意識所左右，進宮之前，有沒有把師尊與宮內神尊對照的動作做出來，這是三天行程下來自己要對自己做的功課做反省。出門不只人在看，神尊也在看，期許自己進步，只有放空學習。

無形（靈）的學習並不是每個人都有辦法看到，但是會表現在人的思維跟行為上，靈是很謙卑的，這我們可以從靈動中看到無形與無形神尊的禮敬的動作上看出來，靈是很有禮節的，所以相對於修行，要修的就是自我節度。靈修是靈高度自制能力的展現，是不用規矩限制就能自然合於規矩的，修行如果沒辦法自制自律，自動自發，那你說修行到多高程度，功力多好，都是需要被打問號的，每一次的出門都要讓自己成長，除了神尊的教導，人也要觀察學習。自己是否成長，其實都會有所考驗，一個事件來了，就可以看出你這段期間自我成長的狀況，不要一個事件就考倒了。對於此次出門，神尊特別做了分組，就是要讓組長學習成長，一個是關照他人，一個就是開闊自己格局，要成長，除了學習，還要練習，神尊的精神就是陪伴大家一起成長，希望大家能體悟並發揚這個精神，對於來求助共修的師兄姐，都要有陪伴他們走過來的同理心，感謝小組長的協助，也恭喜你們的成長，對於自我意識太強，錯過這次學習機會的人，也期望要能自我調整，能做的就多做，做中學、學中做是不變的道理，幫人成長絕對是讓自己提升的最好方法，神尊教給妳了，你愛練習不練習，或是認為只要靠神尊幫你淨化提升就好，其他都不用做，這種觀念要調整。對於這次認真從事提升上來的師兄姐，神尊特別說要頒給「令旗」，讓你擁有自己的兵馬，以利在助人之時分派並保護自己。另外這次會靈中敬慎從事，努力提升自己的，也會請示神尊是否給予提升。

期望下次會靈時，你是擁有自己的兵馬的。這次會靈主要讓大家體驗一下大軍出門跟自己去會靈進香到底有沒有差別？差別在哪裡？其實這道理就是你跟部會首長出門，受到的禮遇對待跟你自己出門是會有很大不同的，另外提醒眾師兄姐，神尊要用人絕對會篩選，帶出門會靈你當成去玩或是你把它當成正事在辦，還是只是要展現自己，考驗出來的結果會不一樣，當你比較心，批判心，我慢心出來，絕對會影響修行進程的，期許大家在道業上精進，要從心態歸零，從心理的修養調整開始。

4－7 點燈祈福「法會」的作用──點燈、會靈、淨化、提升

農曆六月十九日，也就是國歷七月廿一日（一〇八年），是觀音菩薩得道紀念日，我們說觀音是「千百億應化身，千處祈求千處應」，我們所熟知的觀音菩薩化身有三十三像，像我們熟知的淨瓶觀音、乘龍觀音、如意觀音、魚籃觀音、自在觀音、竹林觀音……等等都是觀音的「應化身」，應化身就是隨環境、隨人事、隨因緣要渡化時所變化出來的身像，有點類似「因材施教」（應該說因人、因時、因地、因事、因物而變化）的意思，就是因應祈求者的業別，狀態，環境，以求助者最容易接受的狀態去做引導，去做渡化的工作，這樣收效最快最好，這是神尊的智慧，渡化不是一個法門身像就穿天貫地，一招半式可以闖的江湖。

所以你供奉敬拜的各個觀音的各種稱呼，就是你最願意接受，與你性情最相近，你最願意跟祂接觸的觀音化身。其實觀音還是唯一的觀音，不管觀音菩薩，

觀音大士，千手觀音，男相女相眾生相，都是宣化的方便相。

七月廿日晚上交子時，玉玄宮為慶祝觀音得道紀念日，觀音特別交代為同修師兄姐祈福點蓮花燈：

一是、照亮元神，光明前途。

二是、為眾師兄姐淨化除穢並加持能量。

三是、法會中，眾神來賀，能量齊聚，讓師兄姐體驗「蒙熏」（爐香乍熱，法界蒙熏）的感受。

四是、讓師兄姐各自做功課會靈，吸收能量，提升靈質。

法會，顧名思義，一個是「法」一個是「會」，同一種法門多人聚集是一種會，不同法門齊聚一處也是一種會，所以會有水陸大法會，會有普渡、超薦法會，會有水懺經懺法會等等，「會」只要有兩個以上的個體相聚就叫會，約會就是兩個以上個體講好時間地點然後會合，那會的好不好，就看有沒有達到共同想要的目標，或是目的雖有調整，但每個個體都能接受且受益，那這個會才有意義。

通常聚「會」會有聚會的目的，也就是共同的目標要完成，做聚會的目的主要是聚集能量，不管神佛或眾生，只要聚集都有能量累積的意義，不管是正負能量，都會產生加乘的效果，如果「人」參與其中，就都會受到這些能量的影響，就像氣壓，高氣壓會向低氣壓流動，兩者會合後會有中和的效應，兩者都會緩和，就像熱水會向冷水傳遞熱度，遇合後高溫會降，低溫會升，變成溫水，原來的高熱會散失，除非有持續加溫或是熱源的量遠大於冷水，影響才會比較小，所以人接觸神佛或眾生，也會影響自己的能量，道理跟冷熱水相遇的狀況是一樣的。

當然修行我們都認同往正向能量提升，所以是以接觸神佛的正能量為主，神佛能量就像太陽，熱源源源不絕，所以我們也會接收到太陽的溫熱，然後提升自己的能量。哪也有少數人是修魔，或是接觸眾生，當然人就變成散發光和熱的來源，變成眾生的太陽，能量就被吸收掉了。然而人因為沒有神佛一樣持續且大量的熱源，所以在接觸眾生負能量的同時，除了自然流失之外，眾生有意的吸取，也會讓自己虛耗，如果沒有持續打坐調整，很快自己的身體就會耗弱，甚至出現病症，所以在接觸眾生的同時，要衡量自己能量是否足夠，是否有能力阻止自己能量的流失，保護自己。

為什麼我們要辦法會，因為法會是一種能量聚集的模式，本身的能量大小跟法會的規模，也會影響來參與法會的能量，辦法會就像辦各種聚會一樣，比如你是一家公司要開幕，只是小公司或地方社團，你關係好，勉強可以邀請到議員或市長或熟識的地方代表，但是如果你是一家上市櫃公司，或是全國工商總會，因為你的能量強大，組織下人數眾多，人就是一種能量，所以來參與的人層級較高，也相對會有更強大的能量，可能是立法委員或中央部會首長，且為數更多，也可能你不用邀請他們也會來，一個是增加光彩，一個可能是實質上的政策利多，那參與的人就普遍性沾光獲益。辦法會就有如這種聚會，或是例行性大會或是週年慶，或是特殊目的活動，新廠、新投資、新產品發表會等等一樣。目的是公告周知或是熟絡人脈都好，都會有增加知名度，促進銷售或是關係更密切的效果。

那通常大人物都會開場時到，然後來來去去，就像法會，開場時，眾多神佛會一起到賀或參加，所以此時能量最強，我們說的法界蒙熏，大概這個時候是最能感應，其後就比較分散，但是總是比平常能量更強。所以在靈山靈修來說，法會開始的前後（開幕式閉幕式）最容易接收能量而有感，累積也較快。那如果參加的是渡化負能量的聚會，自己就要斟酌自己是否可以負荷。所以為什麼比較不鼓勵初接觸的師兄姊去參加普渡，或是渡萬靈的活動，因為如果你都還沒辦法保護自己或無法分辨正負能量來，又沒能力渡化，那你要怎麼辦？眾生都被你叫醒了，你沒能力送走，那祂不跟你回家嗎？自己要思量。

玉玄宮祈福點燈法會，主要是慶祝觀音菩薩得道紀念，當然辦法會要能確認請來的是正能量，能量會相感應，同氣相求，同樣磁場會聚合，所以自己發出甚麼波很重要，正心正念就吸引正能量聚集。神尊不是要大排場或是要大資金，而是要你一顆敬神事神的心。

神尊的祝福無所不在，當你正心正念，禍已遠離，點燈祈福，點亮自己的心燈，光照自己的元神，開大慈悲，開大智慧，福不招自至。

第五章 靈我之間的自在

5—1 無形眾生因緣的現象說明——為什麼有靈修體質者比較容易卡外靈？

靈修體質我們稱為敏感體質或靈異體質，由於體質本身對於神佛或眾生的感應比較強，對於神佛能量的到來，很容易就能接收，所以身體會跟著靈做出種種的反應，一般的打哈欠、流淚、流眼油、打嗝，甚至身體筋骨一直想伸展等等，都是比較正能量來所產生的現象。至於無形眾生來干擾，也是很容易感覺的出來，一般會覺得肩膀沉重，有壓力，頭昏沉想睡，睜不開眼，或是噁心、莫名的煩躁，鬱結，莫名的發脾氣，或有輕生的傾向等等，都是負能量來的現象。

至於為什麼會這樣？應該來講，一般人對於無形眾生的感應是遲鈍的，所以即使眾生來附身了，只會感覺怪怪的，除非是已經非常嚴重，產生病痛的現象了，他才會想去就醫，或是外人都覺得不對勁，提醒要去看醫生了，才會到醫院或是到宮廟收驚祭改，尋求補救的動作。對於要求救渡的因緣眾生來說，要耗費的時日太久，而一般的收驚只是將無形眾生的干擾排除，並無法渡化或請神尊引渡，如果所依附的人並沒有在修行，也就無所謂有甚麼功德的問題，對無形眾生來說並無所得或益處，如果有冤債也只是達到討報的目的，眾生即使想求渡也未必能夠，所以無形眾生也是會選擇，尋求有能力幫他們的人，而有敏感體質初入修尚無法分辨正負能量靈體的人正是祂們的最好人選。

為什麼有敏感體質的人容易成為眾生尋找依附的對象？以正能量的神尊來說，需要有人了解祂的存在，希望有人代言來濟世渡人，有敏感體質的人就是傳達翻譯的最佳人選（好的接收器）。對於沒有感應的人，神尊要要求他遵照神尊旨意辦事濟世，不啻緣木求魚，無法可得的。但有敏感體質的人，即使不是先天通靈，只要進入修行系統加以調教，要為神尊代言傳達也是不無可能的。

那無形眾生的外靈，不管要修行，要求渡化，都需要引渡的人是有感覺它的存在而且可以幫祂的，找一個沒有感應的人，根本無法感覺祂的存在，平日也不見得會接觸神佛，也沒有修行的概念，也就不會有共修得功果的考量存在，所以即使哪天他已經明確知道被卡陰或附身了，因為沒有修行的概念，想到的也只是要找人將祂驅趕，收伏或斬除，非但不能得渡，還有靈命被打散的風險。因此有敏感體質的人就成了眾生最好求渡的管道。因為有靈修體質的人，本身承續了神佛慈悲的精神，加上修行思維的本質，大都本著渡化的心態，對於眾生的對待比較平和，也比較禮敬，所以自然成為眾生求渡的最好的人選。是幸或不幸，其實也是對自己心性及增強渡化概念的最好試煉。

那為何會有眾生的因緣，一般都會講是無形的冤親債主，但事實上冤親債主大都以有形體的模式存在，直接在人的生活周遭進行討報或酬恩，互相了卻因緣，只有極少數怨力重的冤債，會以無形的模式存在進行討報，也都是比較嚴重的。

通常眾生的因緣，大都是因緣遇到，第一種是時空點巧合陰陽相接，比如走過某個地方／場所剛好碰上，這是隨機的因緣，比較難防，比較無奈，可以說是被跟或是沖煞；第二種是親屬血緣的業力關係接上的因緣；第三種是無心口言引出的因緣，比如對亡靈無心的嘆息婉惜但卻聽者有意；第四種是自己念力牽引，意念想渡或想助或是自己企求某些能力而招來；第五種比較麻煩是願力所招惹，比如發心願去接靈、渡靈或去協助，本身卻沒能力渡化而招惹；第六種更麻煩的是被人媒介，被放符比較常聽常見的，也有很多「能人」會幫人接靈換靈，甚至以外靈壓制外靈，導致身心的混亂；另外第七是重大身心受創事件，也容易導致外靈的介入或本靈被干擾或替換，第八種是一般人比較沒注意的，就是作息日夜顛倒陰氣會比氣重導致體虛靈弱，容易為眾生所附。所以有敏感體質而尚未培養靈體質量者，應該避免出入眾生聚集處或與眾生進行能量的交換傳輸，另一個防範的重點就是讓本身能量跟氣場要夠強，才足以抗拒外靈。

那眾生外靈與人共存的模式有哪些?第一種是「依附」，沒有修行狀態所引來的隨機因緣或是親屬血緣，無心的口言的因緣大都是「跟隨」或「附身」，台語說「哇咧」，即是一般所說「跟著了」，通常這會有「揹」的現象，一般講說「你揹很多，你跟很多喔」，所以被附身大都呈現肩膀重，會痠痛，負荷太多太久也會呈現稍微駝背的現象，附身一般只是依附在人身的外表並沒有「入體」。這個狀況會對氣場造成干擾，影響人的精神狀態、思維及身體負荷，重則影響運勢，造成諸事不順，很多事會有臨時變卦反轉的現象。

第二種是所謂的「入體」，有修行意含存在所引來的因緣，如念力，願力，被媒介的因緣，大都會入體與本靈共同存在，這種狀態又可分「寄生」，只是寄住在體內某個器官或部位，等待成熟；另一種是「共生」，就是外靈比較成熟，有能力與本靈相較量抗衡，對人的某些決策可以左右；另一種是「共修」，共修大都外靈強於本靈，一般大都是有修行的靈體，借助本靈的修行一起成長，說是共修，其實是借體修行，修行能量大都是外靈所取；在外表上因有外靈支撐，所以與一般人沒兩樣，久了就會呈現越夜越精神，白天不喜出門的現象，人的本靈質量會越來越虛弱。

第三種就是所謂的「佔體」，佔體就是外靈已經強到可以主導身體了。通常重大事件後的非自願的換靈，或是經人為刻意換靈的狀況，那有些隨機因緣與外靈碰撞或沖犯到，就大都呈現佔體的現象，共修的外靈如果功力足夠也會出現此現象，即使是良善甚至能辨事的外靈，也是會造成本靈耗弱或受傷，因本靈無法與外靈相抗衡，在此狀況下本靈能量無法補充，只會越來越虛弱。通常「換靈」的狀態已經是另一靈體在主導，原來的本靈不在了，比較單一，不會出現靈體錯亂的現象，只是與原來這個體的本來的言行舉止不同，好像換了一個人一樣。如果是不善的外靈與本靈共存，能量均衡，則會出現雙重或多重人格，或是自我矛盾的人格現象，這是比較麻煩的，至於共修的外靈基本上因有在修行，還不至於惡意傷害本靈跟人體，只是陰陽不融，本靈陽氣能量會持續耗弱，也算是一種傷害。

對於眾生外靈的存在，其實有靈修修行的人都相當敏感，會感應，但是知道不對勁，卻找不到地方，也不知從何去驗證和處理。通常依附的眾生，因為對氣場的影響干擾比較明顯，容易被發覺而渡化或處理掉；至於寄生的外靈因為是潛伏，很難被發覺，寄生時間甚至十幾二十年都沒發作；共生及共修的外靈則比較明顯，當事人會清楚知道，甚至外人都可以看出異樣，一般在靈修的道場，外靈很容易就顯化出來，或是神尊會指出來，因為有這種渡化的因緣，可以請神尊救渡，這是外靈的目的，甚至討報者也可以藉由神尊的主持而可以得到適當的裁判公斷，使冤屈得解。

因為修行的人跟本靈容易感覺外靈的存在，會去尋找有緣的修行的道場解決這個問題，這就是外靈喜歡找敏感體質的人的原因，至於冤債討報者因有其目的目標，所尋找的就比較不一定是有敏感體質的修行人了。

◆補註：

眾生外靈干擾象的比喻說明

無形外靈與人的因緣及依附方式有幾種

1. 跟隨／附身，好像是到落後國家，遇到街上乞討的小孩，你一發心，周遭很多同樣乞討的小孩就圍繞著你，想跑都難，這就是沒摸清楚狀態就渡靈的現象，或是到外靈聚集場所常會遇到的狀況。通常外靈跟隨依附會有呼朋引伴，越聚越多的狀況。

2.沖犯／沖煞，這是很突然且無法預期躲閃的狀況。就好像遇到搶劫或被綁架，你必須照他的指示動作，自己很難脫逃。很快很直接就反應成外靈的狀態。

3.外靈入體，這就好像單位內被臥底，找不到甚麼問題，卻常常會出狀況，這邊酸那邊痛，某些部位常覺得不舒服，常要看醫生卻找不到病因，也是所謂靈光病的主因（原因之一，有些靈光病是靈體累世的傷病造成）。

4.外靈佔體，這個就好像整個單位被敵對單位空降主管，或是指揮所被占領了，整個運作都換人主導，與原先目標背離或脫軌，就是靈被備置換了。

早上打坐時給我的概念，這樣講應該大家會比較清楚。

5—2 深入靈修，看懂「靈動」（一）

先說一下「眾生（外靈）佔體」的靈動

有些宮廟道場會把靈動都歸於眾生外靈（負向靈）的靈動（因為不會分

辨），所以會告誡來修的師兄姐不要靈動，結果越壓抑越煩躁，越修越不對，主事者又沒辦法處理，加上卡靈，祖先，又說不修就越會有甚麼不好的事降臨，結果祭改一次又一次，超渡法會、一次又一次，還只是徒勞而已，這種狀況其實只要靈動起來就好了。一直走不出來又害怕的，可以到大廟嘗試一下。

我們都清楚，乩身的動作，辦事能量是來自神明的「附體」，說附體其實是借用乩童的肉身，也可以說「入體」，有說降駕，與「哇駕」有些程度上的差異，按理說應該是展現神尊的風格跟修持，與原來的乩身個體的風格是不相同的，所以看真乩假乩應該很容易分辨，有感應力的人可以感受神尊的能量，不然看神尊降駕後的動作與乩身原本的言行舉止的差異度是可以看出來的。有人說人幾分神幾分，真的神尊降駕借體是沒有人神幾分之幾的區分的，不管重跟輕，人的意識都是模糊或不知道，因為靈是被請出體外的。有人神幾分的狀況，應該是靈乩的現象，會有靈幾分，人幾分，但是不管幾分，還是神尊的品格，言行舉止都是神尊的風格，人有意識但是無法作主，神尊來有神尊來的現象，看久了，一樣可以分辨。

那有關眾生外靈的現象，一般的「附身」，只是依附身體或以身體做載具，通常會對自己周遭磁場造成影響，而干擾到自己的磁場，造成思維混亂或說心神不安寧，因為在體外，所以並無法主導身心的運作，只是干擾的程度有所不同（好像無線電的頻率干擾，會聽不清楚或有雜音）。這種現象就像爬藤植物附在樹幹一樣，祂攀附在身體，身體的負荷壓力也會越來越重，人像背重物一樣，行動會有吃力的感覺，人會消瘦下來，嚴重甚至會有駝背或是發冷現象。因為只是依附，到宮廟神尊之處，通常會暫離，人若沒求助，通常出廟後又會跟著，除非在這個宮廟神尊可以幫祂渡化，祂才會顯化出來。那這種現象只要淨化收驚，通常可以解決，好像清除爬藤，清理可以依附的枝節問題即可，但是要斷根，則仍需時間上的身心調養。這種依附狀況是沒辦法帶動肉體做靈動的。

那有關眾生外靈可以帶動靈動的現象，大都是跟乩身的狀況有些類似，一個關鍵是已經入體，而在顯化的當下是靈借體的現象。入體現象之前提到有寄生、共生跟共修，寄生一般都潛伏未顯化，寄宿主通常不知，通常是造成寄宿主的被寄宿器官身體不適了去求助，才會被識穿，一般都是等適當可以渡化的時機或是被神尊識穿才會顯化或被宿主提出處理。初期可以相安無事，但是共生的階段，大概就是外靈能量可以與本靈相抗衡的狀況了，這種共生入體的機緣，通常是外靈本身有相當能量，藉由外在的機緣，或是靈體碰撞，或是人的意識自招而來。共生會困擾是靈體之間互相的爭奪主導權，在外人看來人的個性忽變不穩定，恍若兩人。這種情況尚可及時就醫。

通常有修行的外靈會比較明理，也比較和善，與人相處的方式大都是共修的模式，也就是借體修行，因為有體修行是比較明確快速的也比較有保護力的，但是對人而言，共修的能量通常是外靈所得，到最後，外靈的能量是比人本靈還強的，一旦外靈有因緣離開，人跟本靈會是非常虛弱的狀態，所有的修行都要重來，而有些修行的外靈，通常也具備有靈通的能力，因為是靈體，所以對其他靈體的反應比較敏感，或感覺有靈通現象，就好像有了辦事的能力，有人也會非常享受這種通靈的特殊能力，（就是所謂的鬼通，養小鬼也有這種現象），但是是不是本靈在辦，當事人會懷疑，有的自己會覺知，除非本靈被完全換掉了，這種現象通常來自外力或外緣，沒在修行卻忽然會有靈通的能力的，或是人為接引外靈進來，比較會是這種情形，但並不是所有有修行的眾生外靈都有這種能力，一般也都還是在習修的階段。

有眾生外靈的靈動狀態，通常都是有修行的眾生外靈借用有在修行的人的體所帶動，此時的靈動是「佔體」（借體暫用）的情形，因為不是與本體一致的，所以靈動起來會感覺動作不是很順暢，有卡卡的情形，或是有炫耀展示的意味，或是類似乩身神駕上身的顫抖現象，會出現用力過度的狀況（或是力量繃住出現抖動的現象），靈動要表達的意思會比較迷惘，也會有外靈的情緒（負面的表情跟情緒）在動作跟表情上展現。但外靈共修時日一久，也是會外靈跟體配合得很好的情形，因為幾乎「體」是外靈所主導了，但是在靈動上的動作上，與一般神尊來教或接收神尊訊息或神尊帶動的動作會明顯不同，很容易辨別是外靈的動作，因為是佔體的情形，人的意識暫時失去，要等到本靈回到肉體接收時才會回到個人知覺。

外靈與本靈的靈動，主要分別也是在正負能量的感受，感受正向情緒跟負向情緒，本靈靈動，動完是舒暢愉悅的，外靈靈動的感受則是疲累、煩躁的，還有靈動時「體溫的冷熱」也是辨別的主要依據，通常外靈共修，修者自己會有感覺，有時並不是自己在動作或是平常對人事物的看法、對待會有異常的反應，或經人指點後自己會有察覺。那有關動物靈的外靈來佔體靈動，因為會直接顯現動物的動作，比較好分辨，成精的動物靈會顯化其他形象則較難分辨，而具有神格的動物如虎爺、鳳凰、龍、麒麟、諦聽等神獸一般則不會視為動物靈。

對於眾生外靈的處理，通常會用話語先與之溝通，請祂顯化，外靈有的會用靈語對談，有的則直接用白話敘述，有些則不願意言談，必須以通靈方式與靈溝通。通常有在修行的共修外靈會比較好溝通，在神尊見證協調下，一般都會離開。祖先式的外靈則比較執著，所要說的事比較侷限於家族或未完成的心願，或個人問題要處理，而有些是道業任務未完成的，通常子孫也比較會受干擾，或被要求繼續完成道業。至於要來討報的，條件會比較苛，難以溝通，不過通常都會願意放下前嫌，比較兇惡的一般就是造成當事人的精神或人格分裂，要當事人願意懺悔修行來補過，並請神尊見證處理，慢慢調回來才有可能。而祖先靈依附的跟討報的外靈，一般都不會有靈動的現象，而是直接反應佔體，表現出異常的動作出來，在溝通時都與靈直接對談比較多。

很多人都說靈修者比較容易卡外靈，那為什麼會這樣？除了敏感體質之外，很多都是去做或幫忙做接靈、渡靈的工作，大都會以為我是出於善心只是幫忙而已，應該這些靈不會找上我才對，其實很多主事者都是把功過讓這些幫忙者去承擔，幫忙者也因修行能量還不足，沒辦法去渡或排除，導致很多的眾生跟隨或入體，也有很多主事者聲稱外靈共修是沒問題的，這是很不道德的。那有人為了追求所謂靈通的能力，也不惜跟眾生外靈共修，甚至主動接靈，雖然感覺通靈能力很強，一樣很準，但是能力並非本靈所修成，一旦外靈離開，本靈耗弱的狀況馬上顯現，一旦外靈入體，雖然請走了，但因體質耗弱，加上靈氣的味道吸引或沒有能力阻止其他靈體出入，很容易又會被卡上，後續的修行功課要加倍努力才能補回靈體能量。追求靈通能力者要再三思。

修行沒有捷徑，沒有快速的法門，一分付出一分收獲，要正心念作修行，一定要踏實做踏實修，才不會出現問題。

5—3 深入靈修，看懂「靈動」（二）「本靈」靈動的現象與原理(1)

◆要講本靈靈動之前有些概念需要先理清

第一個是：神尊是能量團的概念，而不是一個單體。

先說說神尊的概念好了，佛道教的宗教宇宙觀都有甚麼界甚麼天的講法跟概念，但是只要有界有天就會有範圍，就會有極限，也就會有高低上下的境界問題，若要以佛教的人人平等的思考觀點，是不是也是神神平等？如果神神平等那為何又要分中天、太極、無極，所以是不是「分別」是天生既有的存在，但如果我們以一體的概念來看，其實是沒有分的，所以「人人平等」，是心態與概念的培養的問題，不是實際上的平等，就好像我們這一家，我們這一班，那是一體的「一」的概念，如果以地球月球金星木星……來講，是一個太陽系，是一體的存在，相對其他太陽系而言，它就是一個個體範圍，但這個範疇怎樣也逃不出宇宙的範疇，所以「無極」是一個宇宙概念，無有邊際也不知邊際，那在其中的無數個太極、中天都在無極的範疇之內，就像宇宙有無數個星系一樣。

所以甚麼天甚麼界，是所處位階、高度、角度的問題，如果我們能在宇宙之上看宇宙，宇宙就是一體的，問題是我們就在宇宙之中，就只是其中一個個體，人的能力是沒辦法超越宇宙，但是精神力，就是所謂「靈」的能力則可以輕鬆跨越時空，而大的「一」的概念，就像在外太空看地球一樣，地球是一個「一」，是一體的，若定著在一個點就是一個點的範圍，宏觀就是一個地球，就只是不斷的旋轉變化而已。但是其實在地球內是有無數的生命組合型態。那要有「一」的概念存在，必須是這概念內的個體是互相接受，互相依存（共生、共成一個生命生活鏈）而不可分的狀態，這就是無極內各個太極，太極內的小太極各自存在，也就是各個「中天」的個別存在而組成太極組成無極。所以各個中天（類似宇宙中的各個太陽系）各有其內的小共生體存在（如地球月球火星金星……）。

那要談到神尊存在的概念，很多人會分中天的神，無極的神，或說某某神只有一位，其他的就是部將代理，只有一位正神正駕，這是傳統的概念，是神尊跟人一樣獨立分開的個體，但是以我們祀奉神尊的密度跟型態，各地都有供奉各個神尊的廟宇，在同一天同一尊神尊辦事濟世的宮廟何其多？如果只有一位正神正駕，其它是部將在辦事，那有多少宮廟的從事人員都變成是一個詐騙集團，那宮壇寺廟系統就形成一個詐騙網了，因為都是替身，不是本尊，這樣的話，神佛信仰的可信度何在？你如何證明你的神尊是正神正駕？那確定今天剛好輪值到來你的宮廟辦事濟世了嗎？所以千萬不要自打嘴巴說只有你家是正神正駕。每一尊神尊都是一個能量體（好像一個電廠），分身是能量擴展的展現，就好像電廠輸送電流出去，還是這個電，還是這個能量。

第二個是：「一」的概念，一體存在的認同與神尊呼請即來的概念。

其實在靈修中與神尊同在的概念是一個「一」的概念，他是一個宇宙的能量團，這個能量充滿在宇宙無極太極之中，哪裡有需要，哪裡的密度就增高，那因為我們是在地球的角度觀點中，所以隨人而化形。簡單的一個比喻，我們說神尊就是太陽系中的太陽，他的光普照在這個太陽系，那哪裡的太陽能才是真正的太陽能呢？因為祂能量太強大，所以你沒辦法說，我曬到的太陽光才是真正的太陽光，你們的都是假太陽光，或只是仿太陽光的日光燈的燈光，其實各地宮廟就好像太陽能的容器，有的窗戶大開，光線明亮；有的則太多封閉遮擋而顯得陰暗，光線很少；那當然也有的設計的不見天日，晦暗潮濕（陰廟了）。所以接收神尊能量的強弱，取決於容器的容量形態及大小，也取決於接收器的功能的強弱，所以為什麼有的宮興盛異常，有的宮就冷清，那他們的神尊不是神尊嗎？各地的神尊也多有他們的能量存在，就像電能，就像震波的能量一樣，以各種頻率，波長不同的存在，能接到電，能接到頻率的，就能展現祂的能量的力道。

那剛提到「一」的概念，就像人願意跟神尊一起共生共存而能互利，很自然就會形成一個「一」體，認知是在一個共存的個體內，不會有外的感覺，就像一家人同心，或這一班，這一里鄰會共同對外一樣，基本上是一體的概念，所以有人把神尊當外靈，那是因為沒把神尊視為一個共同體，而以單獨個體的觀點來看，這無可厚非，以己為中心的觀點而已。那我們把神尊視為師為親，是與自己息息相關不可分的，所以我們不會把神尊視為外靈，那是靈修人的觀點，靈修以神為尊，所以認知是不是「一家人」，那相對待與看待的角度跟方式就會不同，產生的結果也就不同，那是很自然的道理。

靈修人的能量團概念跟與神尊合而為「一」的概念，使靈修的恭敬度與活潑性增強許多，所以為什麼神尊是呼請即來？因為是能量的概念，就像要用電，打開電源開關，電力馬上來（因為你家已經有通電了，那是電力公司申請或是偷電就有差別了），只要你平常有在打坐，有在靜心修行，自己的接收器有在保養維修，功能是正常，神尊是呼請即到的。而是不是正神正駕，這就是太陽光的概念，我在家是這個太陽，在公司是這個太陽，在美洲是這個太陽，在歐洲也是，只要我願意曬太陽，都可以跟太陽接觸，不會分美洲的太陽還是亞洲的太陽，只是你接收能力的強度問題。

第三個概念要理清就是：「教導」及「本靈」學習的概念，也就是所謂靈駕的概念。

有的人會去公園跳舞，打太極拳，一般都是老師在前面解說，做動作示範，然後你跟著學跟著跳，或是跟著口令動作，由老師的示範跟說明來牽引帶動你，這是神尊引力帶動式或顯像式學習的靈動，就是所謂「靈駕」的概念，靈對靈的互動，只是訊息的接收就做動作了。那有的人學習比較慢，或是動作不確實時，老師就會走到身邊來調整你的肢體動作，或是到旁邊來一步一步教，這就是「哇駕」的概念，到你身邊來，甚至會手腳並用來帶你。尤其是練體操的更是有「哇駕」調整帶動的情況。

但是不管靈駕、哇駕或甚麼形式，怎樣指導，都是要你自己接收自己要動，都是本靈跟身心在學習，都是所謂本靈在靈動。並沒有老師替你動，替你做功課的狀況。

那神駕降乩就不一樣了，本靈是看而已沒有動的狀態，沒有學習的機制，都是神尊的靈在動，體是借用，而外靈入體的帶動，就跟神尊降乩的模式一樣，所以所謂外靈共修，只是體借外靈修，本靈是沒有成長的，甚至是耗損能量的，不管外靈有沒有「鬼通」的能力都一樣，所以要分清楚外靈跟本靈修的狀況，不要以為你很慈悲，外靈會幫你，不會的，聚集能量是靈的本能，不要到頭來外靈修成了，而你卻是一場空。

5—4 深入靈修，看懂「靈動」（三）
「本靈」靈動的現象與原理(2)

◆神尊也是分門分科

靈動在靈修的過程中，是一個很自然引發的一個調整身心靈跟靈的學習的一個課程，只要啟（醒）靈了，大都會進入這個環節，我們講說他是一個靈的能量蓄積後的抒發跟調節，這個調節是最基本的作用，只是在讓身心靈的運作順暢或所謂的暖身，一般就帶動筋骨筋絡的舒展，順氣調節，還有靈與身心不和諧的被壓抑的狀況抒發，再來帶動全身氣脈活絡筋骨，那很多靈文符籙的學習，大都在靜坐中的靈動來學習，這是初階的靈動，那暖身的作用只是為下一個要執行的「系統脈絡學習」做準備，就是要進階到與神尊接觸的靈動了。

靈的學習一樣有分動跟靜就是靈語、文跟靈動，一樣有靜中動，動中靜，一樣有山醫命相卜的分科，所以靈修者或代言人中，有的會無形的地理，有的會做醫療（靈療跟實際筋絡筋骨推拿，甚至可以透視人體），相卜更是神尊跟通靈者基本能力，為什麼會這樣？就是所帶領教導的師尊不同，我們說人有血統（DNA），那靈也有靈的DNA（靈脈或靈源），應該說靈體的波頻，啟靈前是神尊在守護（嬰兒時期），啟靈後是靈識搜尋，當頻率對應到「同頻」時就產生「共振」，在此當下，靈就源源不斷從神尊處學習，打坐中的靈動或靈動中舒緩靜心，都是在與神尊接觸學習，那在幫助求助者的處理事情過程中，更是透過神尊的教導幫助，所以不管你是哪一科，哪一種能力，當神尊不在時，請問人你有多少能耐？有形的知識學習，人可以清楚運用，但很難驗證解決無形的問題。無形的知識學習，則透過靈與神尊的緊密且隨時隨地的接觸來學習，處理過的化為智慧，哪有些通靈人可以看到一般人無法看見的無形靈體，就像「X光眼」一樣，那要驗證無形的神尊或能量就比較容易一些。

那人的血統（DNA）會不會很純正？血統純正基因突變的機率就很高，比如說只有一姓相傳（同血緣），那這樣我看是很多畸形人了，所以你可能有陳姓還有吳姓的血統，再細分一點，可能還有十六分之一李姓血統，因為你阿公阿媽阿祖都不同姓。而靈脈也不會是單一機緣的，因為每世降生的機緣不同，雖然系出一門，但可能這一世跟觀音／九天接觸，不同世有跟玄天或太子接觸，或有其他師徒因緣都有可能，所以主神為一，但師尊不同，累世修行者的機緣更多，因此通靈人是有機會為眾多的神尊代言服務，所以無需將自己侷限於只是一尊主神，靈修之於神尊的概念跟乩童之於神尊採乩為自己代言是不同的。

◆每一尊神尊都像是一門武術，舞蹈套路

靈修不只是與自己主神接觸，還會有其他師尊的教導，在靈的學習成長的過程，會逐次提升並接觸不同的神尊，所以會靈的概念，就不會只是會自己的或單一的靈源神尊了，也可能是新的神尊的因緣，可能是這一世修行要結緣的，或是一時要借助你的靈體來宣化辦事的，還有到其他地方拜訪的神尊，也都有這個機緣，重點是，每一神尊會有神尊的風格跟精神理念（跟每個人的個性不同一樣），也都有祂的法像跟特有的動作在，所以會靈時不管是顯像或是感應到，都可以很踏實的，也不用擔心接觸的是不是神尊。

有的人會強調靈動是本靈在動，不一定與神尊有關，你要說是本靈也無不

可，就像有人堅持在「人」的立場觀點，而你堅持以「本靈為主體」的觀點而已，真正靈動則是含括人、靈、神的互動，但是靈動是不是一定本靈在動？我們可以分借體跟不借體的狀況。

◆不借體（接靈）與借體的靈動不同

不借體的靈動都是本靈在動，不管靈駕幾分，都是本靈帶領在動，只是神尊教學介入的程度不同，這是甚麼道理？這就是「學跟習」的概念，你去學太極，去學少林拳或是華山劍法，請問你是用看的還是實際去操作去練？那是老師示範跟講解然後你做，還是你自己不用人教就會了，那「教」的時候是你在動還是老師在替你動？這就是靈向神尊學習的概念，有的人的靈動接收是看得到影像的，神尊做動作給你看，你跟著動，有的看不到影像是有牽引帶動的力量在帶，就好像敘述分節動作用口令讓你跟著做，這是帶動，那有時候靈駕比較重，帶動的力量比較強，你的本靈的運作的自由度就受限制。

靈駕附（哇）身的狀況，這在體操選手訓練過程中需要很多輔助的狀況比較常見，帶動牽引的力量更明顯，調整姿勢時教練的介入程度更強，這是靈動接收靈駕強弱的區分。當你越熟悉動作時，老師教練的介入是越來越少，最後只是發一個口令要你做哪些動作，你就跟著整套動作都可以做，只有不標準不熟練的地方，老師教練才會介入。所以所有動作都是你在做，都是你的本靈在動，只是有時候神尊介入的程度比較多，你的本靈動作或有所限制，是自主性強弱的問題，但基本上都是接收神尊的訊息能量的引導在做，這是進階的靈動的現象，所做的動作就是神駕的動作。接收神尊動作這也是區別是否外靈介入的主要辨別方式。

這拿來跟借體的靈動做比較就會清楚，借體的狀況，幾乎本靈是被壓抑或被排除，如乩童的起童，都是神尊在做動作，還有外靈的佔體靈動，這些情況下的所有動作與本靈幾乎無關，借體或被佔體等同是被駕著走，神尊或外靈退掉，不但本靈沒有覺知，而本體是非常虛弱的，因為等同穿了一件不合身的衣服或背負過重的負荷一樣，因此呈現的是疲累，這與本靈與神靈接觸的靈動等於在充電，靈動完是能量滿滿，精神煥發的狀況是不同的。

◆風格脈絡的傳承

你靈修是跟誰修，就會有祂的風格傳承，不管學術或武術的學習或靈的學習都一樣。你跟著人修，就有他的思維概念，跟神修，就會有神的精神，如果沒有祂（祂）們的精神跟風範，那質疑你並非此神尊門下弟子是很正常的事，人的學問的學習是以人為師，會有派別跟門戶之見很正常。那靈修以神為師，去學習神尊的精神，師尊已經修成也超越人的思維識見，就像所謂的依法依佛依神，少了人為私心的運作，會比較超然。

靈修有靈緣脈絡的問題，但是在初修的階段並無法知曉，只知道有莫名力量的引導，但是在未知的情況下，總會畏懼和擔心害怕，所以要修行要先克服人的恐懼心理，也要建立「跟神修」的概念，一個簡單「合不合理」的判斷，不然就是單純的打坐，把心靜下來，讓靈活動，慢慢的把靈與神的連線建立起來，去感知神尊來的反應，在靈修狀態下，人的意識是清楚的，但是不運作，而由靈去運作學習，就像學太極一樣，你的老師來了，你就打太極的套路，展現出來的也是太極的架式，此時可以肯定不可能是打少林拳的，你的劍法老師來了，你就是練劍，不會是耍流星錘，當然你可能學各家的拳／劍／鎗，但是哪家哪家你會分明，不會混在一起。

靈的學習就是這樣，拳劍武器是動態的，就像是靈動一樣，哪位師尊來了，你就會有跟那位師尊學習的動作出來，如果你沒有師尊來教，可以自創一個套路，那也是可行，這要看先天通靈者有沒有辦法做到，因為「無師自通」是很

「神」的一件事，或許累世的修行功果即將完成，或許是融合各家門派了，但是融合了也不難看出各家路數的影子。

◆與神尊互動的靈動現象

為什麼說靈修的靈動會有個人主神的動作，原理很簡單，因為你有把祂當成師尊，祂有來教你，所以在靈的學習過程中，向自己主神跟師尊學習是很重要的，一個是精神，一個是風範，一個就是所謂的功夫（動作套路跟法寶法器的使用，沒有與神尊接觸靈動的人應該很難想像），師尊來了你有感應到靈駕，你的靈接收的動作就是這位師尊的動作，不可能是其他妖魔的動作，所以：

1.打坐靈動會呈現的就是來教你的師尊的動作。
2.會靈進宮廟時，相對應自己的主神或師尊與該宮廟神尊拜會的動作。
3.去會靈時，會到該宮廟的哪尊神尊，也很自然的呈現那位神尊的姿態動作（這位師尊有來教你，你有在學）。
4.主神之外，累世因緣師尊也會來教。所以本靈會接自己主神跟靈源師尊，還有本靈有因緣的神尊的動作。
5.只接收單一神尊的現象，要思考是沒有進步還是確定只是單一神尊或是外靈現象（非神外靈會佔體或霸體）。

6.同修功課沒做，當神尊駕臨，其他同修可以代為接神尊而靈動，幫同修做完靈動的功課，不管是否是自己師尊。

5-5 深入靈修，看懂「靈動」（四）如何辨識外靈的靈動？

有靈修體質的人修行打坐後，常會被帶進入不自主「靈動」的狀態，但最常被驚嚇的一句話就是：靈動都是外靈在靈動？這真是最大的靈修病毒語句，今天帶大家來了解外靈靈動的狀況，就不會被唬弄了。

上回我們先確認了靈動是有脈絡緣頭的狀況。如果沒有無形師帶領，只是本靈在動，那就好像要創新一個武術招數，如果你沒有先經歷拜師學藝的基礎，要再創新是很難，所以只有本靈在動就沒辦法分辨派別，所以以靈動來說，初期就好像只是在做暖身運動，活動筋絡筋骨，到有所謂的套路出來，已經進階到接神尊的動作了，再進一階就是感應到神尊即可運作整套套路，感覺好像不必神尊來，本靈就可以動，這是有人認為神尊一定要降駕才能做出神尊的動作，其實是不用降駕的，而是靈與靈的訊息接收，就像遠端遙控一樣，是本靈在動，也是本靈接受神尊靈駕訊息在動，其實看你動的動作就知道神尊能量有沒有降臨，因為沒有接神尊訊息動作，做出來的動作很有可能是本靈也可能是外靈在動？

那問題就來了，神尊來有神尊的動作可以辨識，可以很放心，那請問外靈來的靈動，你如何辨識？

其實修本靈就是跟著靈源神尊一起修，就像你練華山派劍法，你不可能自己在那邊比劃比劃就練出來，自己比劃就是本靈練，跟令狐沖或風清揚練就是跟著靈源神尊練，那本靈會成長會練成嗎？概念清楚就不會執著本靈或神尊。就像你打太極，你自己練能練幾式？打的是不是太極可能都還是問題？那跟張三豐練，還有跟楊氏陳氏祖師練會不會一樣？各有他們的精隨，你練熟了，自己打太極，楊氏就是有楊氏太極的精神，陳氏就是有陳氏太極的套路跟精神，內行人一看就知道，你打少林拳，你練武當劍，就一定會有他們的架式神韻跟精神，最後不管老師在不在，打少林拳你就會有少林的精神，不可能打少林拳跟武當劍混在一起，或許你有獨創的一兩招，畢竟還是脫離不了原來的套路跟精神。即使是現代學問也一樣，逢甲建築跟東海建築的風格就是不一樣，跟成大建築的也會不同，這是一個脈絡傳承問題，內行人一看就了然。你要說你的老師沒有駕著你嗎？當你一動的時候，你所學老師的精神就上來牽引著你，那是因為風格是根深蒂固的，就像你的靈脈是根深蒂固的一樣。

靈動接收神尊的動作，這是必然的，是在向神尊學習，不管寫符畫令，不管踏步劍法拳腳或是法器的使用，還有些靈動是跟神尊照會的禮節，比如去會靈時是你的主神或師尊進宮拜會該宮神尊，接收的是神尊的駕，代表的是神尊的威儀，所以踏的是神尊的步伐動作，走中門進宮，如果是你自己大剌剌的要走中門，誰理你。比如說當你去華山派的道場展現少林寺的武功，是切磋還是討教還是要踢館，端看你的口氣跟動作，但是有了照會的禮節，「家裡的大人」（主神或師尊）出面來投文碟了，人家不會當你來踢館，人家也才願意來點撥你。其實在無形跟無形之間早已連結。需要靈動時就靈動，練練功夫，神尊退了就做自己，還是一個身心靈完整的人。

有人就說神尊來不一定靈動，這是多講的，請問有人一天24小時練功靈動的嗎？學習也不只體育課阿。有時候神尊來也只是交代事情而已，所以不是非靈動不可，靈有這個智慧了解的。那是不是靈動不一定接神尊？當然不是一定接神尊，因為還有其他外靈，還有你的本靈想動，那神尊沒來你自己靈動看看，看到底會是如何？那你分的清到底是本靈動還是外靈動嗎？（再來會放幾段影片，自己評估看看你敢確認沒接神尊的時候你是本靈在動嗎？）

有些人質疑接神尊靈動，這樣是修本靈還是修神尊？其實就像你學打太極，是你打還是你老師打，還是你學你老師的動作打，那跟著老師的動作打就不是你自己在學在打嗎？那你說本靈在動，請問沒有老師，你要動哪個門派的？自己想的還是其他靈給你的？就算暖身運動，打太極還有八段錦，學校還有早操，也都有派別，那你本靈動是伸伸手腳，扭扭腰，甩手踢腿，熱身一下然後跑步爬山？還是你把太極拳打的熟了，不用老師在場點撥了，但是你還是在執行老師的精神跟套路，出去比賽，除了你也代表你的門派，所以何妨認知就把老師放在心上呢？而太極老師來了，你就很自然打太極了。你說老師沒來我也打，請問你是不是照著老師教的方式在打，是不是接老師的精神意志，還是自己亂打。其實在靈修的靈動中，師尊都是到來你才打的，自己體會一下。

所以可以很明白告訴你，神尊沒來，你不會有神尊的動作靈動的，而是你一呼請，神尊就來了，那個精神就在了。

在這裡，就有一個很重要的問題，你學了這個門派的功夫，那你對非門派內的功夫是不是一目了然，或是本門功夫空有其形，卻沒有勁道跟精神，「眉角關鍵」都沒有，那你是不是很容易判斷這是偷學的假功夫還是非本門所傳的，所以當你熟悉你常接收神尊的動作，對於靈動時動作的改變你會很敏感，此時你可以查詢驗證一下是哪位神尊來教你，或是靈動的感覺失去了原來的喜悅和靈活自在或是不舒服的現象時，你就可以大膽判斷是不是有神尊以外的外靈來干擾，如果你平常沒體會神尊來教時的感覺，你是很難去判定是本靈或外靈在靈動，因為外靈佔體你是沒知覺的，只有感受到身體心理的不愉快。

當我們的靈動不是接神尊的動作時，我們就要判別是不是外靈來靈動，其實看靈動的動作就可以判斷：

1. 接神尊的靈動是完整且謙虛合度有禮節，當動作沒有章法或是靈動的精氣神有問題時，我們很容易就可以判斷。

2. 外靈的謙卑度不足且處處想展現的，所以除了具體身心不舒服的感受之外，比如你是觀音的靈兒，平常的動作就是墊腳蓮花步蓮花指，忽然動作會停頓不順暢，也失去了原來的感覺，卻又感受不出哪位神尊來教？

3. 當無法辨識是何神尊來時，可以直接請問來靈動者為何方神聖，請他做出該神尊的動作來對照，這樣就可以判定，遲疑做不出來時，這時就可以合理懷疑是眾生外靈來靈動。

4. 靈動的出力不均勻，像比較陽剛如玄天／帝君的氣勢跟騎馬舞刀的動作不見了，有力卻伸展不開好像撐住，力道不均勻，甚至抖動，腳步凌亂的現象。

5. 靈動時禮節的施展不合常理，如不拜或有倨傲的臉部動作，或是磕頭過度，哀傷的哭或痛苦的表情，這時通常是有求渡的需求。

6. 還有一種情形，就是你會有一個或數個跟你對談的聲音是來自體內，會指使你要起來靈動或感覺要控制你的言行，那這種靈動也要注意，有時會像神尊來的靈動，但沒辦法明確分辨是哪一尊神尊的靈駕動作時，都有可能是外靈來借體。

以上情形，我們都可以很容易判定是外靈佔體的靈動，會來靈動的外靈大都是有在修的外靈，會比較明理易渡化，與一般討報兇惡的外靈不同（只現桀驁不馴的凶貌）。這時要請神尊或老師予以說理渡化，真正要渡化是要有對象的，而不是滿山遍野灑網，請問你要渡靈要渡化誰？要渡到哪裡去？你有沒有能力可以渡化？很多新接觸靈修的師兄姐，都還沒把自己的靈穩定，把靈體強健，就被老師帶出去做渡靈接靈的事，這樣沒有教也還不知道怎樣跟神尊感應就被送上渡靈台，跟殺他有甚麼兩樣？所以初接觸修行的師兄姐自己要知道，不要茫然被帶著到處跑。

那要怎樣杜絕外靈，其實很難，尤其修行人更是無形眾生要修行的依附首選，有靈修體質的，除了外靈多的場合盡量不要接觸之外，也可呼請自己比較親近的神尊保護，其實把自己靈體跟身體強健是最重要的，平常的打坐、靈動、靈語、寫靈文、唱文的功課要做足，多跟神尊接觸，了解與神尊接觸的感覺，對於外靈來的感受就會很清楚判別，其實不管有形無形界都一樣，都是在「比能量高低」，所以把自己能量蓄足，靈體增強，才是根本排除外靈的最好方式。

靈動與神尊接觸就像學武術功夫一樣，越動靈體會越強，而神尊來教的動作也會越來越細膩，（靈動可以甩脫跟隨的外靈，但入體的外靈需要渡化才行）當你把神尊撇在一邊，以為自己本靈可以很厲害，失去「謙卑」及「尊師重道」的心，要拉回來就很辛苦了。靈動與神尊的接觸就是本靈的學習，除了接收神尊的能量之外，也是強靈健體的主要關鍵。若懷疑自己靈動狀況有問題，希望理清，可以先聯絡。

（有關外靈靈動部分，會單獨上傳幾段影片幾種狀況可以供大家討論參考。）

（感謝林師姐慈悲心，大方犧牲形象，協助大家了解靈動現象）

相關的影片請以〈文章標題〉搜尋FB社團：如是道生命能量研修協會／淨我還真靈修社團：

https://www.facebook.com/groups/morningsun.com.tw/permalink/1687352728050089

5—6 深入靈修，看懂「靈動」（五）

「亂靈」的靈動現象說明

◆正接神尊與否的靈動是辨識外靈是否上身的重要判別依據

之前曾提過外靈上身的原因，一個是因果討報，這比較沒辦法避免，另一個是隨機因緣遇上，這在外靈聚集的場所很容易遇上，再來就是自己去製造這個因緣，像去山林曠野渡靈接靈常會因為你的慈悲心而主動招引上身，而你卻沒辦法辨識或防護，或是靜修中因意念牽引而有因緣，所以平時自己一定要做足功課，保持正心念，有所感應覺知了，再去做渡化，新兵剛入伍，如果連新兵訓練都沒有做就直接送上戰場，後果可想而知，如果主事者又沒辦法幫忙排除，那可能就有機會一直幫外靈修了。

◆眞的會「亂靈」嗎？

精神錯亂或人格分裂算是靈亂的重症狀況，因為外靈佔體久了，本靈跟外靈搶體而導致，這是比較嚴重的，大都源於因果討報，或是遇上兇惡，怨懟深重的外靈的關係，需先透過藥物控制再來渡化或收服外靈。

◆那一般的修行靈動上有那些亂靈的現象呢？

曾聽某位師姐提過：他接觸的道場老師告訴她，人只能接一位主神，其他的靈源神尊不能接，如果接多位神尊的現象，這就是「亂靈」。其實亂靈並不是接多少神尊的問題，而是神尊來有沒有接完整，有沒有上下課鞠躬謝謝老師的禮節而已，比如地理課下課了，下一堂上化學，化學課上完再上國文課，這樣會不會亂？那像國文課上一半，忽然化學老師來了就改上化學課，或一下子又上自然課，這樣才叫做亂。那也不是光神尊的問題，有些課上一半，忽然廠商來推銷產品，就像外靈進來也沒辦法擋一樣，這樣是不是也是亂了套了。

我在想，人的學習是多樣化的，哪有只能跟一位老師學一種知識或技能的，不能跟其他老師學別的嗎？即使單項學習也一樣，就我所知很多書畫名家也是有跟多位老師拜師的阿，著名佛教法師也是不同階段有不同的老師，也會到不同名山訪師參學，然後成就自己的學養，就像奧運體操，也有單項，也有全能項目的，所以哪有不能接觸多位神尊的問題？是個人能力及因緣的因素吧？

◆那怎樣才叫「亂」？

如果眾生靈是眾生靈，本靈是本靈，神尊是神尊，各自運作，或是互相配合得宜，基本上是不會有「亂」的現象，亂的現象主要來自於漫無節奏的交叉運作，無法整合出一個順序來，所以產生亂的現象。並不是被外靈佔體一定會亂，或是接神尊的動作就不會亂，也不是接多位神尊就會亂，不是的，會形成「亂」的主要原因大多來自於本靈的問題。

會產生亂靈的主要幾種原因：

1.初起靈的靈比較清也比較輕比較浮，太活躍容易被附駕。（靈輕靈浮）
2.對於神尊來接觸的狀況無法明瞭，靈比較急，靈駕都想接。（靈急）
3.本靈太弱，產生無形眾生（外靈）爭體現象，本身無法控制。（靈弱）
4.沒辦法分辨清楚眾生外靈跟神尊靈駕的差別，有靈就接。（靈不成熟）
5.被人為因素誤導，變成人控制靈動現象，造成靈動錯亂。（靈被壓抑）

一般會查覺亂靈的狀況，大都是在動態中，如言語脫序，會覺得一下子是本靈，一下子又是另外的靈體講話，另一個主要是肢體動作異常。

再來要談的主要的就是在靈動中如何判別？

第一個是有關接神尊方面，就是靈動的動作急又凌亂，感覺是在接神尊的駕，但是好像觀音的動作做了一半，九天母娘來了馬上又轉九天的動作，一下子又轉回觀音或其他神尊的動作，動作很快很急，中間接神尊轉換的禮節不見了（沒有上下課的區分及禮節），沒辦法清楚是接哪位神尊，因為動作都沒做完就轉換，所以感覺是亂的，這是靈急於要修的現象。

第二個就是接神尊與接外靈交互穿插，這在有外靈入體現象的人身上就易看到，因為外靈會搶體，所以本靈顯現時接神尊的動作，被外靈搶走又變外靈的動作，會有忽悲忽哭忽正常的現象，這是本靈弱卡外靈的現象。

第三個就是多位外靈佔體或求渡，因為本靈弱而失去主導，變成外靈搶說話搶靈動搶求渡的情形發生（不會排隊依序來），就產生動作表情變來變去沒辦法控制的現象。

第四個就是被人的意識誤導，本來靈要做的動作被人控制沒做，導致下一個動作銜接不完整，而產生動作凌亂的現象，這是卡到自己的觀念及人言是非（卡到人）的現象。

第五種狀況則是上半身接一位神尊的動作，下半身步法卻是另一尊神尊的動作，這種情形初階一般不會知道，但是經常接神尊靈動者都可以發覺，也是亂靈的現象。

亂靈的現象，就好像廣播電台或無線電對講機，本來有一定頻率的功率，但是有其他功率比原本頻率的功率強，原本的頻率就被「蓋台」的現象一樣，所以不管靈輕靈急靈弱靈被壓抑，都讓靈產生不穩定的狀況，靈動的人本身很難查覺，因為感覺還是像神尊來的動作，除了外靈來會有哀怨痛苦求渡或不滿不屑或太過自滿傲慢的特徵外，其實靈動應該都是活力愉悅的。

那要避免亂靈現象，首先就是要克服畏懼害怕的心理，有的人一開始就被人植入「靈動都是接外靈」的病毒嚇到，而變的畏縮，動作伸展不開，那靈會得不到成長，所以首先要克服一些所謂的靈修病毒的心理因素，勇於接觸，再來就是要經常性的打坐靈動，培養靈體能量，那該做的功課如寫靈文、唱文等都要做完，每天安排一點時間做為做功課的時間，不要求快速，不要求靈通，只要老實打坐靈動做功課就好。

一般靈動大都接神尊的動作，而且都可以判別神尊動作，而真正的靈修靈動一定是有跟神尊接觸，有接訊息或靈駕，除非神尊沒來，本靈自己比較無章法的做調整跟伸展，這跟外靈來的靈動只在一線之別，一般人甚至修者自己都沒辦法分辨，所以判別自己有沒有接到神尊訊息或靈駕，除了可以確認自己主神跟師尊之外，也可以判定是否有外靈的現象。

5－7 外靈祭送法會的作用

今天七月十四日（一〇八年），為這陣子來宮問事，有外靈干擾及被外靈附身的師兄姐舉辦祭送外靈的法會，也兼消災解厄。

5—7 外靈祭送法會的作用

對於靈修者來講，有外靈附體者，修者自己都會感覺有異樣，所以會來宮求證，通常來到這邊，神尊都會請外靈顯化，一者讓隨行的朋友或父母清楚事情是怎樣的一種狀況，二者外靈顯化可以對談，可以詢問因緣何來，要怎樣和解。三者外靈顯化時，當事人通常沒有知覺，就像乩童的神尊附體一樣，外靈退了以後才恢復本身的意識，四者外靈要顯化時，當事人會有不舒服的感覺，知道外靈要顯化，外靈顯化後，當事者就不知情（失去本人意識），而所言談動作就猶如另外一個人。五者，有在修的外靈通常也會清楚自己的言行不對，所談的條件也比較簡單，六者，通常會請去地藏王或觀音座下修，有的則回歸到祂原來本位。

外靈因緣何來？前幾篇已經說明（或請搜尋玉玄宮靈修社團文章），做祭送法會，也是在渡人渡靈，但是是有確定的渡化對象，而不是普化（包山包海），一來對象明確，前因後果清楚，且祭送的地方明確，二來不是只靠神尊的力量，還有被祭送及祭送者雙方心甘情願達成和解，祭送的成功率比較高。三、靈修的渡靈是以比較溫和渡化的心境為之，不是驅離或收伏，而是請神尊來收入座下修行，到神尊那裡去修，這樣要再發生的機率降低很多。

勸導宣化，聽經聞法是靈修渡化的主要原則，所以通常有些會要祭送者自己誦經迴向，一者祭送者自己的因果自己消，二者讓祭送者自己靜心懺悔，得到自己的平靜，三者祭送完，自己靈體的強化才是主要功課，通常會要求持續打坐一陣子。

祭送法會與點燈祈福法會不相同，通常祭送是針對卡外靈（卡陰）或有無形眾生因緣者來辦，點燈祈福則有有強化運勢的作用，祈福則對象比較普遍化。祭送法會則針對來宮問事者的問題處理，通常是沒有幫沒來過宮裡問事的信眾辦理（單純忽然來要參加祭送法會的不處理），問事辦事是我比較沒有提到的玉玄宮的工作，因為師兄姐大都白天上班，下班才做神明的事，若太多人會忙不過來，而神尊對信者的釋疑通常也都要花點時間，所以沒特別宣傳問事辦事部分，師兄姐若有自覺靈動靈語不太對勁的，想要確認的或遠途需假日才能來的就請連絡時間，平常則星期三共修跟星期五晚上共修打坐問事，歡迎師兄姐來打坐。

祭送法會，㈠事先請神尊告知所需金紙及物品（和解條件個別不同），㈡對外對內請旨令，㈢祭送儀式，㈣淨化，㈤靜坐調靈調體，㈥神尊加持。

第六章

一簑煙雨任平生——擺渡與代言

6—1 為什麼要稱「擺渡」、「擺渡人」——為什麼要先收服自己，臣服於神佛

古時候橋樑並不普及，尤其大江大河的溝通更是困難，小河小溪還可以涉水，但渡江河湖海，都要靠船運，一般渡河還是小船，用篙或搖櫓，船身搖搖擺擺，所以稱為擺渡，渡者渡河也，撐船人古時候稱為船家，現在稱為船長。這是擺渡最原始的意義，主要是渡人過水，從這岸到彼岸。這是實體上有形的印象，主要作用是「渡人」，船家也稱為「擺渡人」。

而在現代生活中，「渡」的概念被廣泛衍伸，佛教以經典、以誦經、禪定，要人修心，要渡人離苦得樂；一貫道更強調要渡人求道，而且還要有業績紀錄，要計算功德；基督教也是要渡人到天堂；道教主要著重在自我修練，練氣、練身的提升，渡人則落在神尊於民間宮廟的聖事上，透過聖事的舉辦，解民之苦，解民之憂，解民之惑。所以在民間宮廟，神尊扮演著心理醫師或心理諮詢師的角色，但一般民眾都把這角色投射於代言人或法師或是出家僧，造成代言人或主事者取代神尊的角色，信眾盲目崇拜，代言人尾大不掉，而衍生宮廟的種種負面印象，其實真正的主角是宮廟來辦事的神尊，而不是代言人。

代言人或牧師、傳教士、點傳師、出家僧，都具有要渡人的角色還有任務，但是「渡」的概念並不侷限於宗教，心理醫師，各類諮商師也都有渡人的作用，日常工作、生活中的師傅，都可以稱為擺渡人，主要都是希望把人的心理狀態，從疑惑、未知、痛苦轉換成開朗、明確、喜悅，而後能圓滿自己的人生，或是開啟智慧，脫離愚痴無明的狀態，都有「從此到彼」的轉換，從這個地方移到另一個地方的作用，所以我們以比較開闊的「擺渡人」來取代單一只為神尊代言的代言人。讓「渡人」的真正意義顯現。

但是「渡」是一個中性的名詞，一般人都正向解讀，所以大多用在從負面轉向正面的意義，但實際操作上它就是中性的，被渡的人有可能更好，也有可能更差，不見得每個人都可以如願所償。以渡的概念講，擺渡的人是關鍵，一般都是正知正念助人向上提升，但各宗教也都時有負面消息傳出，而存在民間的寺廟宮壇或所謂的神尊工作室，也都有所謂的代言人或老師，但神尊代言人沒有統一的一個規範，或是可以認證代言能力的標準，沒辦法有效管理，所以好壞良莠不齊，常有偏差行為，因為沒有一個考核的單位，只能靠個人的意志跟修為來自制，所以尋求神尊幫忙的人只能多方驗證，自求多福，這也神尊無奈的地方。

再說「擺渡」的工具，各個擺渡人都有各自的法船，人的能力有限，包含坊間的各類的師傅，所以也是各循其緣，有的名師桃李滿天下，有的師傅只是帶領寥寥可數之人，但是否就只有名師出高徒，也不盡然，所以每個人的法船大小，型制都不同，渡的目的地也不盡相同，法船及擺渡人的能量也都不相同。那對神尊代言人而言，你用的是神尊的法船或自己本靈的法船，這關係到渡人的眾寡跟成效，但是這無形的法船鮮少人可以看到，所以只能憑感覺，坐上船（進了廟，入了宮，信了教）自己就要去感受，穩不穩，廣不廣，可以乘坐多少人？感覺是神尊的法船還是擺渡人自己的船，這要學會判斷，包括渡人的人也要自我判斷，自我覺察，心態調整，是否真能銜接上神尊的法船，否則，水能載舟，亦能覆舟，當你乘載超過自己能量的極限，船也是會翻覆，所以為什麼有些人會背負很多別人的因果，甚至果報立現，這跟自我認知及是否與神佛連結有關。

那擺渡人是否自己清楚要往何方去？能見的能察覺的，方向好辨識，至於浩瀚大海中，你的羅盤在哪裡？你用甚麼做指針？關係一船人的命運，作為擺渡人，你能臣服於神，臣服於你的信仰嗎？還是你要擺渡的心態是甚麼？你能時時自我覺察修整嗎？你是乘船人還是你有願力要做一位擺渡人，那你要做甚麼調整和努力，這是修行者時時刻刻要提醒自己的，而不是只發願要做擺渡人，卻連自己的方向都不清楚，這就糟糕了。

6－2 擺渡人課程分享（一）擺渡人的先決要件
要能分辨接的是神尊還是眾生　要達到「神、靈、心」三合一

◆玉皇大帝開示叮囑：

修自己是要達到身心靈平衡，做一個擺渡人就要「神、靈、心」三者結合，最基本的要能清楚所接收神尊的靈駕而為傳渡，而不是未接神尊就本靈去做渡化的工作，那本靈就要承擔很多功果業力。

擺渡人課程學習的過程，是要提升你們自己精進的程度和向上的心，所謂的擺渡，是要願意讓人家離苦得樂，從這岸擺渡到一個快樂的岸。每次的上課，要期許你們把心放開，全然的放開，然後才由神尊來帶，如果你們本靈裡面，不是非常精進，是沒有達到來上課的門檻的。在課程的剛開始，玉皇就指示，要達到上這個無形的課程的條件，必須提升自己的靈質，所以今天回去的功課阿，就是

請你自己的神尊來教你們怎樣淨化自己。

當你在靈體與肉體回到俗世時，多多少少會遇到無形眾生，會希望藉由你們的救渡來提拔祂們，但當此時，你們的靈質還不是很穩定的時候，非但沒能力做擺渡人，還可能受到干擾，這時候要請神尊來為你加持，不要受到無形的干擾，可以隨時在家打坐，跟著神尊的指引來作習修，不是只有每個月來做功課，回到家就過著人世間的繁華，多采多姿的生活。回去的時候，要期許自己的心能夠穩定下來，擺脫世俗誘惑，靈質要更提高。當你用一個「看待」的心去看待俗事（世），你的心的寬闊度，包容度就會比別人高許多，你就不會去做比較的事情，比較別人賺多少錢，我賺的比別人少，比較人我是非等等，不要讓這些比較來干擾你的思想，你要擺脫，超脫世俗的限定，因為你的靈要隨著肉體提升。

在擺渡人這樣提升的課程裡面，要求達到你們的「神、靈、心」要三合一，所以你的肉體與本靈要先合一，神尊會依照你們的靈質因素，因材施教，所授予的程度會有所不同，對於初進門接觸到神尊，從像一張白紙一樣不會到學習接收，或者你是有過往的學習，那是不是能夠放下過往的經歷，從頭開始，接受這樣無形的教導方式，讓你不受限於個人主觀意識，然後來接神尊，或是做一個擺渡人應做的事情，在玉玄宮的觀念裡面的教導方式，是由神尊來做提攜，所注重的是個人靈質上的提升，在此同時，要把個人最基本的「正能量」給補滿，一旦正能量補滿，才能去隨緣渡化。

隨緣渡化並不是你所到之處，就可以去濟渡萬靈、萬類、萬物，因為你的本質的能力還不夠的時候，你的肉體就會受到傷害，相對的你的靈質也會受損，在這裡，神尊的指示是：我們的靈質要到穩定的程度，我們才去做隨緣渡化的動作，期許每一位學員回去的時候，不要有鬆懈的心，當然你們跟一般人的心都一樣，不要自認有比別人更高，為什麼？要有謙卑的心，貢高我慢的心不可以拿出來阿，貪、嗔、痴、慢、疑，要先戒掉，所以期許在這個過程裡面，你們都能夠圓滿這一段的習修。

每一次的課程，都會因神尊指示而有所不同，就像今天入關前，先為每一個進關求精進的人，先呈現神尊對你們的期許，還有你們的靈，也有所昭告於玉玄宮神尊，希望得到怎麼樣的成長。在未來每一堂的學習過程裡面，神尊都會有不同的指示及教導方式，今天先用這樣的方式，先帶你們進到玉玄宮「八卦」裡面，未來你們在外面的學修因緣，可能會接收到神尊帶你們到其他地方去，但是祂會開不同的無形地理，讓你們看看裡面的地理，還有領不同的東西，那一定要有自己的「無形旗號」來對照，這樣子，那個無形的門才會開，你有了無形的旗號對照，才不會誤闖了人家的無形界，是不是這樣子？

今天的課程重點是這個部分，再來要學習怎樣淨化自己，下回要看你們自己淨化到怎樣的程度，最好的學習方式，就是要讓自己在接神尊的時候，會非常明確自己接的是神尊，是哪一位神尊？你可以分辨是神尊呢？還是有情無形的眾生，在你們的靈動當中，你們要非常明確可以判斷，那有一部分人你們在靈語部分已經開口講了一段時間，是不是有能力在這段習修過程中可以轉成白話。還有一部分是你們看到其他同修的人，他在做靈動的時候，你們可不可以去判斷出是接哪一個神尊？現在在做甚麼事情？這都是在這個學習過程中，要讓你們真正去接觸，然後在未來出去隨緣渡化的時候，你們是可以有能力去判斷的。

6－3 擺渡人課程分享（二）為什麼我這麼會卡？遇到外靈顯化時該怎麼辦？

◆玉皇大帝的開示叮囑：

當你們看到其他同修在靈動的時候，可以去判斷出是那一位神尊來嗎？現在在做什麼事情呢？這都是在擺渡人的學習過程中，要讓你真正的去接觸，然後在未來出去隨緣渡化時，有能力可以去判斷的。

第一個要判斷他接的是什麼？

當神尊來的時候，我們肉體的感受和有情無形眾生來的感受，有什麼不一樣？這會因各人的體質不同，而有不同的呈現，不管是正接神尊或接有情無形眾生。但是為什麼靈動會接眾生？通常都是卡到了，在靈動時顯化，要看懂也要學會溝通，這是擺渡人必須具備的能力。

首先，你可能會問，為什麼眾生要跟我？

當然，第一個是他想要你救渡於祂，想你超渡祂。這個現象非常「正常」，很多人的問題是：為什麼會來卡我，我又不認識他，為什麼要上我的身？為什麼我騎摩托車也會卡到，為什麼我去隔壁拜拜而已也沒做什麼，為什麼拜拜也會卡到？我一回來就覺得想吐、暈的要死，好像都不想活了，當你有這些負能量時候，是標準的卡到，這是非常基礎的入門。

當然，我們適時的幫助眾生，在無形裡面也是一個功德。但不是沒原由，沒對象的就要去一體渡化他們。那有些眾生，祂來來去去，看到這個人有點光，就想說我趕快來佔用他，因為他善良，又不懂得避開排解，我就先佔他，祂們也是很聰明啊，看到這個有旗號，最近又修的不錯，就來找他，想說他可能有辦法救渡我。

所以有的人就會說：奇怪！我明明又沒去那裡，為什麼卡的都是我，阿我只是去我朋友家而已，為什麼卡的還是我；有沒有想過，當你習修到靈質有一定程度的時候，其實你到一個磁場與你不合的地方，你就不太喜歡去，而且會感覺一踏進去就頭很暈，在習修的過程中這是必然會遇到的，那有的人把修行講的太高太玄奇，就認為自己很厲害了，這是不必要的。

那有的人你看到他，就覺得他的臉色黑黑暗暗的，那是他卡到了，但是他自己就沒感覺，他滿心的負能量，他也沒覺得。就是認為千萬人負於他一人，別人講的都不對，他講的才對，我講我最大，你們都錯，因為你們都沒照我的意思，真的是這樣嗎？我們修的目的是要能調整自己，若看到這種情形，我們就要告訴自己，我們不能像他這樣子，而不是用我們的嘴去教人要怎樣修行，要照我們的意思做才行，不是這樣的。

通常卡到的現象：

1.昏沈、吸收別的人的負能量沒有排清。
2.判斷力可能失誤，導致事業生活走下坡。
3.有心裡的負能量，會覺得自己要這麼做，但周遭的人沒照我意思，但會堅持自己意見。
4.自己感到有負能量，干擾很多，卡卡的，容易發脾氣。
5.身體某個部分無緣故疼痛，不規律發作查無原因。
6.明顯的負重感覺，很容易氣喘疲倦。

那敏感的人就會知道要趕快去清一清、排一排。負能量排完你會覺得身體很輕鬆、很舒服，看到人就一直笑臉迎人，別人看到你就好像親近一尊菩薩一樣想親近你。那回到現實的生活端就會覺得心想事成，不管做生意或教書或是要引渡人，這時你會感覺到連不太認識的人都會過來跟你打招呼，說跟你很面熟，若不是有什麼共同朋友，我們可以說：相由心生，因為你的臉像已經呈現了親和。那有的人臉看起來黑黑的被負能量遮蔽，看到的人有的會頭皮發麻或起雞皮疙瘩，那是心裡的負能量未完全排除。當你完全排除時，就會覺得霍然開朗，好像陽光初午，陽光一直灑在身上一樣。

有的人一樣拜拜走廟，為什麼一看，面孔就是灰灰黑黑？一看就是面孔糾結，那是因為他的靈接這又或接那，但他沒辦法正確判斷他所接的是對或錯。所以他的靈有點亂，這樣子的都會很可惜，這時候如果他願去找到一個很有因緣的道場，或神尊願意指導他，把他化開，對於自己的提升度就會非常的快。

若你們在外面遇到眾生顯化（有沖煞附身）的情形，你們該怎麼辦？

1.可以先請神尊來護持自己的肉體。
2.那有的人很敏感，可同時感受祂，會有跟著起雞皮疙瘩的現象。
3.大部份我們都會請地藏王菩薩來，在你的心裡呼請地藏王菩薩。
4.可以請問祂為什麼附在這位師姐（修者）身上
5.然後有什麼樣的方式可以請祂離開，陰陽一定是要分開的。

6.神尊一直都用非常和平的方式來處理這些眾生。
7.以後如果我們人生的習修沒有圓滿，會不會可能也是這樣的眾生？
8.他當然是希望這裡可以渡化祂，但我們會請祂先退，等待因緣會祭送，退的這時肉體會有不舒服感受。
所以自己有類似外靈附身的狀況時，可以即時呼請神尊，點香靜坐請神尊淨化，先緩和，再請處理的師兄姊幫忙與外靈溝通和解，請其離去。

6－4 擺渡人課程分享（三）如何判別接的是神尊還是眾生？入修之前，一定要去做解冤赦罪嗎？

◆玉皇大帝開示叮囑：

今天這個課程，是針對要提升你們的靈質，未來要讓你們隨緣渡化。（請搭配影片一起，搜尋FB社團—如是道生命能量研修協會）

你們看這位師姐的靈動，有甚麼反應？看法？

林師姐的乾嘔：

其實只要不是神尊來我都會這樣嘔，有時還會聞到那股屍臭味道。那我覺得他像在生氣。

蘇師姐：

我看這是冤親債主帶著令旗，直覺就是曾經在某一世得罪他，他非常生氣。

徐師姐：

感覺在寫什麼？在告訴人家他的因緣，他不會說，只會寫。

楊師姐：

他在訴說他跟他的因緣，為什麼會有這一段因緣。

當你們看到他在寫這一段的時候，你們要怎麼做？首先，你們要靜下心來，請教神尊：他寫的這一段是什麼？那神尊就會告訴你，而不是只有用你們的肉體的眼睛去看，而且你們都忽略了一件事情，就是你們亦師亦友的神尊都在身旁，所以你就要學習跟神尊溝通，請教神尊為什麼會這樣子，那是眾生？還是神尊？如果是眾生的話，請示他剛才在地上寫的是什麼意思，過往是甚麼情形？如果是神尊願意現景給你看，看得到的人，神尊他就告訴你，祂會帶著你，看他與祂的這段因緣；還是他剛才講的，祂為什麼生氣，祂會告訴你。

那師姐說他覺得是他的冤親債主，是領有令旗來的，為什麼？（其實這種說法是很攏統，作為一個擺渡人，必須要明確這個眾生因何而來？必須了解冤親債主跟眾生如何分別？）這在某一派別說法上，認為只有是有緣的人，他才會找上他，期望他能救渡於祂或是了結因果；佛家也有一種說法，說這種因緣眾生每一世都是他的父母、他的親人，在這樣的因緣說法也是對的，那為什麼這樣子，他一定要有一個令旗，他有令旗了來上你的身，他就名正言順就很凶，他主要是要闡述他這一段是怎樣的因緣，要處理這段因緣，而不一定有令旗就是要索命。

這時候，你們就要請示神尊，然後用你們的心法提出來去問神尊，如果祂沒有現那個景給你看，就說你不是看得到的，就可以用心法請示神尊，那就會有一個聲音一直告訴你，祂這些講法，是在講他過去是怎麼樣的，跟這位師姐的因緣，然後祂希望怎樣的去化解。

但是現在在這裡我們都會先請祂退（不耽誤上課時間），退出去山門外候宣，可是一般人都會說是比較衰運被鬼跟到，卡到陰了，但是他這個不是衰運的問題。那也有其它派別的講法，說你真正要進入修行了，在修行之前，要先把你的冤親債主做一次解冤赦罪？其實哪用啊。

真正的解冤赦罪，是你要用你個人的修為，將你的心定靜下來，當祂顯化的時候，再跟祂溝通，是用持經的方式來回向給祂，或是化一些金紙給他，來消解這個因緣，而不是滿山滿海去普渡消業，這種普渡消業的做法，如果無形眾生他覺得你很好，再把他們一群好友都招來，然後一樣求濟渡於你，那這樣子你會沒完沒了。

神尊講我們隨緣渡化，基本是要把我們的靈質調好，就像蓋房子，要先把地基紮穩，不然若我們踏出去，這些無形的就來拉，很快就被他們拉倒了，那有人帶「地令」（揹地卦，做地元），他對這種無形的事情特別敏感，也很容易感應別人的狀況，他就吸附了很多負能量，別人若不好，不舒服，他就很快會感受到，連自己也跟著不好，不舒服，其實這也是一個學習的過程，這是不可避免的，只有經過這一段你才會知道，神尊為什麼要這樣調教你，對你而言，最重要的是自己的心要能謙卑（壓）下來。

再來，那如果說神尊送你一個八卦（羅盤）或其他法寶，你要怎樣去端去用？這就是要告訴你，有這個東西，你要怎麼用？未來你們去拜拜，或是神尊跟你有因緣，送你的東西，你要怎麼用？一般是會等到你們有用到的時候，讓你們去應證，才知道原來神尊給你的東西是這時候要用的。有的人修行，就會說要趕快要去那裡，要去那裡，可以去領去接很多無形法寶，你有想到你領這麼多東西要幹嘛嗎？要有用到的才好啊，那有沒有想到領的越多做的越多啊？不是領了都不做事，那是沒用的。

結果常有人為了修行，到處救渡到處領寶，把世俗的家庭都放下不管了，要把家留給神尊管，然後一心要去修行，這要去那裡修行啊？人都沒有修好，要去那裡修？最基本的人要修好來啦。所以啊，只能告訴你們，當你跟神尊有因緣時，要好好珍惜，當神尊賜給你這支旗號時，你就要知道你領這支旗有什麼作用？你領這個令要做甚麼？我們領正令，就要辦正事，當辦事時神尊若沒到，你要用你的靈去做也可以，但是就是自己要承擔。

那每個人卡到的狀況都不一樣，有的就是負能量一直出來，這時候就要學習把負能量排掉，唯一最快最好的方式就是請神尊來加持，不然就是要轉化（轉靈，把不好的轉出去，不然就要請別人幫忙加持，那回去的時候，你們會加持自己嗎？是要請神尊還是自己加持？在學習的過程裡面，神尊都會期許你們用一個謙卑的心，一個放下的心，重新來學習，這樣的修行課程，是一個無形的學習，它是實證實修的。因為你今天學習到這裡，你沒有去應證神尊跟你講的話，像師姐說夢裡面都夢到女鬼了，但你常來靜坐，卻沒來問玉皇為什麼一直夢到鬼，莫非我跟她有什麼因緣？

所以當你回歸到你的肉體時，你可以感受到你是人，眼睛張開必須在你現實之中做你人的部份，或是當你把你的心放下學習的時候，可以感受到神尊來加持，你們可以感受到不一樣的感受嗎？有可能神尊有來沒來你都一樣的感覺，或是一坐下來，一直想說神尊你要不要來？我等你很久了，有這樣子的嗎？

有的人他本身的靈質就有開，但開的時候，他不知道要幹什麼？當然能透過神尊的教導是最好。在玉玄宮當神尊要用無形來教導的時候，只是讓你的信念更堅定而已，堅定確信有鬼神之說，確信有一個一直護持於我的亦師亦友的神尊，不管在我人間的過程裡，是一個非常高峰或是一個低谷的時候，祂都不離不棄，願意陪伴著我、指導我，這樣子的信念才是正確的。這才是一個正知正念。

相關的影片請以〈文章標題〉搜尋FB社團：如是道生命能量研修協會／淨我還真靈修社團。

https://www.facebook.com/groups/morningsun.com.tw/permalink/2297800350338654

6—5 靈修要正接神尊，調靈養靈（一）

深入說明「轉靈台」的現象與作用

師姐截了一段文來問我，其實早已退了那個社團，不便說甚麼，不過既然師姐提出來問了，對於問題的部分還是說明一下，整理一下問題跟回答的情形，我們再來逐一了解。

先來看一下某社團主事者被質疑的問題與解答：（錯誤部分先打×）

問題1：轉圈圈有甚麼作用？

某社團主回答：初學者轉圈圈那是在訓練自己腳步（註：打×），還有等意識薄弱時（註：再打×），如有靈降，可讓祂來引導你踏出自己的先天腳步（註：再打×），打出自己的一套拳路，藉此強化自己的步伐得以穩健（註：還是打×），如此後有機會成乩時才不會讓神明不堪使用。

問題2：那這樣是不是在修外靈嗎？那這是不是被外靈卡了？

某社團主回答：沒錯，但那些只是與你有緣的共修靈，比如你家祖先或是與你累世的緣靈，他們不會傷害你，他們只是來助緣而已（註：打×兼搖頭），那也是階段性的，不會一直跟著你。再者只要你把自己練得夠強（靈光力）時，他們就不敢近身親體了。那時除非你已成乩，可供自己主公使用，其他的外靈沒你允許是進不了你身的（註：打×，再搖頭，神尊廿四小時上你身嗎？你本靈比外靈強嗎？）。

問題3：如果轉圈圈時被入體了怎辦？

某社團主回答：功課做完就會幫你們退掉。

以上三個問題及回答，實在看不出回答者自己曾經體驗過轉圈圈的狀況，只能說半知半解又誤解的現象，如果是用來作為乩身訓體放下意識則還勉強可以，只是乩身會很辛苦，至於說要用來指導靈修者了，那真是南轅北輒，只能說你接觸到哪一種修行團體，是修者各自的禍福因緣。如果說小學五年級來教一年級，基本上也是可以稱老師，但是學者的知識見解頂多就是到五年級的程度，學生要能超越這個程度的就看個人資質或是再有其他因緣了，不過一般人是無從理解的，就像師兄姐問我，外面宮廟很多都說通靈辦事，到底是有沒有通啊？我常說，通靈也是有分程度，就像老師也是有分教學等級一樣，看你需求甚麼，找到合適跟你解答的人就好了，不然大學教授也稱老師，教國高中也稱老師，教小學也有老師，基本上是程度不同，能教的科別也不同，小學時候有的也人當過小老師，總不能各個學程都要請大學教授來教吧，至於個人修行進程，要看修者自己的理解跟滿足點在哪裡，還有求解的慾望，你想要提升，就是再找更高階的老師學習。其實沒有體驗過，真的很難感受不同的通靈程度對靈質提升的重要性，反正都是稱老師，但有多少人得遇明師？或有因緣受教於明師（不是名師喔）？但是有些基礎觀念卻是很重要，接收到半知半解的概念，就先入為主的奉為圭臬，就真的很無奈，所以對於在傳統宮廟習修的人，要轉到靈修道場學習真的很辛苦，辛苦的是，卡在個人及以往習修的觀念上，要轉回來很難，所以要慎選自己要習修的場所，觀念對了，修行要提昇就很簡單。

有關於訓體跟靈動的區別，還有轉靈（轉圈圈）的現象，在4－5年前就

6—5 靈修要正接神尊，調靈養靈（一）

曾經說明過了（可以在玉玄宮社團搜尋文章或人間修行第一冊第二冊），那時候乩身跟術法系統的宮壇或修者，他們一直對所謂的轉圈圈跟天語靈語還相當排斥，最近幾年卻也常見乩童轉講天語的，而笑稱轉圈圈的轉靈台，也成了訓乩的項目，或以為藉此就可以轉成靈修修行的模式，當然很多宮廟還是堅持傳統的儀軌，這是好的，但有些宮廟就夾雜著要帶靈修，但是用傳統乩身或術法修行的概念來帶靈修，變成雜家，又沒有正心正念的觀念，那就真的要耽誤很多靈子了。

乩童的訓體主要是訓練人的有形質的肉體與神靈配合，最終能為神靈所用，這個用是借用，身體是一個工具，好像腳踏車，汽車一樣，但是會有被掌控被操作的感覺，乩身無「人的意識」是必備條件，訓體也稱為訓乩，當然訓乩有他的課程跟流程。但是靈修則是養身，養氣跟調靈，體同樣為神尊所用，但不是沒有意識，會有自己的靈識在（乩身是靈被取代，靈乩或通靈是與神尊靈體共存），神靈來，祂會同時補充能量給人的靈體，並調整體內氣的運行，讓身體能更舒暢，更強健，所以靈修打坐初期通常會先做類似瑜珈的筋骨動作，將身體筋絡調柔軟，再調整氣結讓氣通暢，然後起來靈動，做更大幅度的筋骨跟運氣的動作，這個動作不是只是要動而已，目的在於讓自己的靈跟體練習感受神尊給的引力，給的能量，然後接收能量傳導至肉體，來帶動肉體做動作，因為這流程（接收到反射做動作）只是一瞬間，當你感應越強時，接收傳導的強度就越強動作也會越流暢，所謂的靈動也就更順暢，動作也會更到位，所以靈動靈語都是為了加強接收神尊給的訊息的靈敏度所做的準備動作，平常就要做。

6—6 靈修要正接神尊，調靈養靈（二）「轉靈」的轉化作用 把負能量（外靈）轉開，正接神尊來提升

那神尊（靈）傳輸能量，人的靈來接收，就好像無線基地台放出電波，而「人」（身心靈）就像手機、電腦或任何接收器來接收電波，然後轉換出動作、影片或聲音一樣，當你接收哪個頻率就出現哪個頻率的節目，所以你接收玄天上帝的頻率時會出現帝爺的動作，你接收到觀音的頻率時就展現觀音的優雅的姿態出來，所以平常的功課（打坐、天語、靈動、轉靈）是為了讓我們練習調頻，是為了讓我們逐漸可以看到影片，收到聲音，或是接收做動作的指令而去完成動作，天線越靈敏或機器（人與本靈）品質越好，接收的狀況就越好，但是也要小

心選擇並判別接收的頻率。而當你被干擾時（卡陰或外靈），就好像天線銹蝕，接錯頻率或是像基地台被蓋台，會變得沒辦法接收或出現雜訊，於是出現被插話或是出現不該出現的影片動作等等，嚴重者甚至整個人「當機」。這時候你要如何處理？

卡陰卡外靈的處理，各家有各家的門道，卡陰嚴重時當然要請法師，請代言人，請神尊降乩處理，但平常要怎樣自己清理？「轉圈圈」（有稱轉靈台、轉蓮臺、轉靈）就是一個自我療癒，自我清理的一個很好的方式，其實平常在打坐就有清理的作用，靈動時也會清，但狀況較嚴重時會自然帶動轉靈（轉圈圈）來清理，轉靈是一個比較強力的自我清理方式，一般會轉靈的時機通常在：1.負能量較強，需要排除時。2.要提升時，神尊能量會再清理一次。3.平常需補充較多能量時。通常轉靈以清理負能量為主，當身上負能量太多被「自然帶動」轉靈時，會以乾嘔或嘔吐的方式將其排出，而過程中若人的思維太強會有嚴重暈眩，站立不穩（清負能量時才會）的狀況，但是如果是提升靈質、補充能量的情況，則很快就不會有暈眩的狀況（負能量少），如果是正常能量補充，則轉再久也不會暈眩，非常穩定且會在固定地方轉，甚至會很舒暢感。那有一種是「人為的」去轉圈圈，把轉圈圈當成一種「功法」在練，刻意拿來練功，若未放空交給靈去帶，則更是會出現嚴重的暈眩狀況。

轉靈的狀況，不一定是站起來轉動身體，有時坐著身體就會搖晃旋轉，頭隨著轉圈，甚至上半身繞著轉圈，此時如果場地允許就可以站起來轉靈。轉靈也會有正時鐘跟逆時鐘轉的區分，逆時鐘是在排負能量，正時鐘轉會吸收補充正能量，那有一種狀況是公轉跟自轉同時，就是除了自己身體的正逆轉之外，又會繞著所在場地的大圈正逆轉，那在要直接排除負能量時可以直接繞著圈圈走，人本身沒有轉圈，至於效果如何？這就關係到所在地方的磁場跟神尊的能量強弱，所以跑靈山拜廟時，常常發生一種現象，就是到某個地方或某大廟會靈，就被直接帶起來轉靈，或是在車上或下車後直接感應直接嘔吐的現象，這就是地方能量強，你本身又有負能量，再加上神尊的因緣，所以就被直接帶動起來靈動或轉靈，這就是在清身上的負能量（訓乩所謂的清體），因為如果卡到外靈（卡陰）或身上負能量干擾太多，是沒辦法感應到神尊的能量（正能量），就沒辦法正接神尊的，所以神尊一般會先清體。那是不是打坐做功課時一定要轉靈？不是的，平常有在打坐就會清，靈比較清，不管打坐或站立，隨時都可以感應地理氣場跟神尊的能量而被帶動接收靈源神尊的動作而靈動，不是一定要轉圈圈之後才能接，但當你負能量太多，或是靈質要提升時，神尊就會自然帶動你轉靈（非人為意識要去動）。你平常想要清體也可以直接轉圈圈，但要記住放空讓靈來帶，才不會暈眩，一旦轉了，最好轉到祂自然停下，千萬不要中途人為意識想停，人的意識一上來，轉的頻率就不順，就會暈眩或顛簸，站立不穩而跌倒，這是初入修的學者需要旁人照顧的原因。

那轉圈圈是不是會卡外靈？剛好相反，通常轉圈圈是在排除外靈干擾，附在身上或跟隨的外靈通常會排掉，有負能量（卡陰）者轉的時候通常會乾嘔或是嘔吐，清一清吐一吐就比較好。至於已經入體佔體的狀況，就要祭改或讓其顯化來溝通，再透過法會渡化。那外靈佔體，少數是因果業力及沖煞以及因緣際會遇上的狀況，這部分會比較明顯造成人的思覺失調的困擾或反常言行。那大部分眾生外靈都是要借體修行或求渡，所以比較不會有明顯症狀，只是入體外靈會與本靈搶肉身要佔體，而造成身體不適或靈體受傷以及自身氣場變濁變糟被干擾，所以自己會感覺工作生活上的不順，或身體某部分的生病感，但是醫學檢查卻又檢查不出所以然，但本人就是會覺得這邊不對，那邊有問題，此時就要求助於神明或與神尊接觸進入修行的自我調整療癒的狀態。

6－7 靈修要正接神尊，調靈養靈（三）如何判別是接神尊或外靈？

再來轉圈圈完是否一定會踏腳步？踏腳步一般是乩童訓乩接神駕或是訓練家將或官將的說法。通常正心正念的靈修修行，都會感應神尊的能量，然後跟隨這個能量的帶動而展現這個能量所要牽引要做的動作，比如說是玄天帝爺或是帝君或是太子爺、各府王爺等武將父系神尊，通常氣勢都比較強，步伐動作比較重，踏各自腳步的狀況很明顯。如果是母系神尊，如觀音、媽祖、公主或善天女則通常比較纖柔多姿，大都是翩翩起舞比較多，走的是蓮花步、碎步或是天女舞步，如果是母娘或老祖則會穩重威儀，接老祖系神尊，靈動時則會有類似打太極等舒緩拳路跟步路，所以踏腳步，打拳只是很基本而籠統的說法，各個靈源神尊表現的是各自的個性特色。那如何驗證？其實我們神桌上的神像也不是隨便雕刻的，一般是有人感應到祂顯化的像或神尊有顯像給雕刻者或畫師去感應而刻、畫出來的姿態，所以接那一尊神尊，有時候你會忽然發現，一舉手一投足怎麼跟這個神尊雕像或畫像的動作這麼相似，這就對了，另外就是通靈者的對照也可以知道，再來就是多看別人接神尊的樣態，也會逐漸熟悉。

◆「靈降」（或降靈駕）你到底是接甚麼？

至於說「靈降」（乩童的神尊降駕的概念），「靈」是一個很中性的名詞，接到神尊的靈的能量（神尊有時就在身邊，不一定是降），動作做完神尊就退，因為神尊不會想佔你的體，但如果功課沒做完，有時候神尊就讓你感受祂隨時都在的壓力感，直到你把功課做完才會離開（有點所謂的「逼體」的感覺）。但是很多修者會接眾生靈或動物靈（兩者通稱外靈），這個就不是靈降了，可能是所在場地的眾生，或是在外因緣跟隨的。會接外靈起因在於無法分辨來的是眾生靈或者是神尊，接了動了就以為是神尊了，所以造成很多跟「外靈共修」的現象。

這些外靈是來借體修行的，所以稱為「共修」，祂是與人（本靈）共用一個體來修，但是人的意識或陽氣強的時候，外靈是隱性不顯現的，但當體弱靈虛時，祂的干擾就很明顯，甚至主導肉身。哪與外靈共修，修行的成果會是誰的？外靈修行所得的能量會給你嗎？你的本靈有能力跟外靈搶嗎？你的本靈強，外靈就進不來了，就沒有共修的問題了，一般外靈大都會「趁虛而入」，吸取你的能量，等到壯大後會與你爭體，能佔你的體時，外靈大多已經強於你，才會讓你顯現不舒服的現象。有的外靈也修的很好，小有靈通的能耐，會讓你以為是神尊而不排斥，有的人甚至樂於與外靈共處，這是個人求玄求神通的心態所致，但是當祂有所成以後或你已不足祂的需要而離開時，你的本靈會是甚麼狀況？你的肉身會是甚麼狀況？所以為什麼要分辨接的是神尊還是眾生，關鍵在於神尊給你能量，外靈搶你的能量，當人功德圓滿往生時，才知道這一生功果簿記錄的是甚麼？

◆動物靈怎麼看？

所以「靈降」以後是會呈現所接靈的樣態跟動作，而不只是甚麼先天腳步或是拳法？如果是接自己先天靈靈緣神尊，會有各別神尊的腳步和動作，但是若是接到眾生靈時，他就會顯現眾生的樣態，接到眾生靈是甚麼的因緣？會顯現甚麼樣態？一個是沒辦法判別這些動作是哪個靈緣神尊的動作。二是所處地方的清淨度不夠，放空時容易接上眾生因緣。三是動作跟表情有違和感，展現負向情緒的表情。四是求渡的眾生會訴其冤屈，在談話間會顯露。五是接到「動物靈」，接動物靈則會顯現該動物的樣態。六則是神尊跟修行的靈都會有先天的旗號，但是眾生通常拿不出旗號，所以外靈會想借修者的光（修行者會有靈光），想搶修行人的旗號。有關於旗號的問題，通靈人可以見到或感應，一般人比較沒有這個概念。

所以為什麼會強調靈動要接自己的靈緣神尊，一來可以避免外靈佔體，二來修行功德是自己的，三來有助於靈質的提升，四來可以明確依神尊指示辦事，而不是本靈辦事，避免本靈的傷害。那接到眾生靈，或眾生入體，並不會時時刻刻展現他的樣子，所謂的「退」，若不是神尊（或法師）處理，通常只是體內暫歇，當你人為意識較弱，他又會展現，不像神尊，神尊是功課做完或靈動完祂就離開了，不需佔你的體，所以是否接動物靈或眾生靈的要留意自己的狀況或是請同修的師兄姐觀察一下，簡單判別，通常外靈在會有起雞皮疙瘩的反應。

至於動物靈如何分辨？通常對於具有神格的動物我們稱為神獸，而不稱為動物靈，比如龍、鳳凰，比如虎爺，比如各個神尊的坐騎，像地藏王的諦聽，老子的青牛，文殊跟普賢菩薩的大象，麒麟，水德星君的蛟龍等，我們都是以對神尊的禮敬度來禮敬祂，至於常見的動物靈則是狐狸，蛇，猴子，犬……等等，比較不容易分辨的有大聖爺還是猴子，蛇精或狐狸精的幻化跟龜蛇是否是部將等等，至於其他在地上打滾，動物姿態明顯，又非神尊座騎的，我們才稱為動物靈，動物靈上身或沖煞到，一樣就是顯現該動物的樣態跟聲音，基本上還是看體態跟身體的感應。

6－8 靈修要正接神尊，調靈養靈（四）修行是修自己本靈──外靈佔體只會耗損自己的靈量

◆外靈共修是一種無奈的共存。

真的是外靈共修嗎？「外靈共修」是對外靈佔體產生的一個無奈共存的用詞，一般人是不會接受外靈佔體的，但又無力排除，除非這個外靈能力強大到可以讓人樂於享受祂的玄奇能力，可能還有人樂意接受共存，但共存不是共修，外靈哪要跟你共修阿，祂只是借體修，你本靈有能力跟他搶嗎？外靈佔體的話，本靈就很難接觸到神尊（被干擾、被蓋台了），只能借助外力排除了。至於無形師

會否同意？也要看外靈的強弱，自己的無形師有沒有辦法排除，否則還是要借助其他神尊的力量。基本上很多人是不知道自己有外靈佔體的狀況，只會覺得哪邊不對勁或只是懷疑自己接的是不是神尊，外靈共修是對外靈佔體現象的解頤之說，很多人是在不得已也不知情的狀況下被外靈入侵，尤其經常接觸與眾生交流的地方或活動會場，這種現象就很容易發生。

如果是有在修行或功力較高深的外靈佔體會有一些現象，比如修者忽然會靈動或開口講靈語，而且很純熟，比如說忽然就可以預知或被告知接觸的人的一些私人狀況，甚至可以幫人解惑，（這種現象常發生在意外事件之後，比如車禍，手術後，碰撞受傷後常有，多是無法抗力的情形），那會有超乎自己平常修行進程的狀況，是忽然有、非預期有而不是漸次自己修行得來，這種狀況對於求玄求神通的修者身上會很常發生，而所說的樂於與外靈共修的，大概只有樂於這種玄奇能力的展現的人，才會沉醉於這種外靈共修。不然一般要修行或要求助的外靈，通常只會對靈修者造成干擾的，一般都會將祂請走或渡化到地藏王菩薩或觀音菩薩處去修，一般靈修者是不會接受外靈佔體的，因為會干擾本靈修行。

那到底與外靈共修的功果如何？與外靈共修是講好聽的，事實上是外靈在侵蝕吸收你的能量，外靈佔體短期間人不會有感覺，但長時間下來，就是會讓你精神耗弱，體虛靈虛，甚至產生思覺失調症狀（脾氣暴躁、憂鬱、躁鬱等症狀），因為你的能量都外靈搶走，不管是求助或是修行較久的外靈都一樣，都在吸取你的能量，影響本靈的思維判斷，至於做事辦事的功德，看是外靈在辦或是人本靈在辦？通常都只是「人借體」給外靈用而已，哪來的功德？所以行善行惡，功果業力是靈找靈，但是「人身」在人世間是會代受過，因為人看不到靈，只有看見人，所以外靈附體的功過在人世只有「人及其本靈」承擔。至於外靈辦事，最著名的就是麥寮「朱秀華女士」的借體辦事，那最後功德誰得？不可能是那個體或體的本靈了（耗弱或不存在了），因為實際辦事的是我們認為的「外靈」。那活著的人是否也如此現象？沒有錯，長時間外靈佔體，造成本靈衰弱被擠壓，外靈強來撐這個體，其實當將外靈送走後，體及本靈是非常虛弱的，根本也沒甚麼功果可言，只能說對於「肉身及本靈」來說是被「打掉重練」的狀況，一切都是空，只能重來。

◆祖先是助緣嗎？

再來祖先靈是不是來助緣？祖先靈會來，通常是有所怨積或不得其位（沒入祖先牌位），最常見的大概就是「雙姓祖先」關於祭祀跟子孫承祀問題擺不平，再來就是有關「倒房」（未成年即往生或無子嗣）沒人祭祀或是承祀問題講好沒做好的狀況，再者年代久遠的祖先問題，通常問題不可考，但會影響干擾子孫，另一種比較特殊的祖源關係是，先人有人為神尊服務或辦事，尤其是有設宮壇者，會有承接神尊因緣問題，通常會有一兩位有敏感體質的子孫，會出現靈逼體或祖源干擾的現象。通常有關這些祖先的問題，會出現在靈體較清或是較弱的人身上，也常只是在特定人身上，而不是在一般人認為該承受或有能力處理祂們問題的人身上，因為有能力有權利處理的人，通常自我意識會比較強，讓祖先難以干擾他，所以有敏感體質的人就很受困擾。

再來是不是你轉完圈圈或是成乩了以後就不會有外靈入體的現象？這個答案是否定的，乩身由於處理渡化的問題，如果自己心念不正，或是沒有神尊降乩而用人為意念在辦事，這種要被外靈入侵是很常見的，我以前建案的地主，還有我一個朋友，都是乩身，被外靈入侵導致精神狀況不正常，一個四十幾歲已經離世，像這種該替神尊辦事卻人為意識處理的，問題沒處理好，常是積怨的外靈而不是想借體修行的外靈，卡到要討報的現象更嚴重，也常聽說乩身被神尊收走的，當然這是要警惕為神尊服務的人，切忌貪癡，不要為自己利益所蒙蔽，其實並不是被神尊收走，而是因為被私慾蒙蔽而承擔別人的業力或是眾生討報才被收走的。通靈代言人也常會被外靈來卡身求渡，只是通靈人會馬上知道也懂得如何化解並渡化祂們，並不是成為乩身或通靈就不會卡，而是要時時修正自己言行，保持正心正念，就比較不會被卡，神尊也會幫你排解。

◆要相信自己與神尊互動的感覺

其實轉圈圈並不是要轉到意識薄弱，而是要轉時人的意識要放空，若在有地理磁場的地方上轉，地氣能量也會幫你清理身體內的濁氣，若有被外靈入體的現象時，也會清理，嚴重時也會讓外靈顯化，這樣才有因緣渡祂，請他離開修者的身體，把肉身還給本靈，不要妨害本靈修行。轉圈圈也不是靈降的必要條件，其實你的靈源神尊是經常跟隨著你，只是你沒有感應到他們，當你放空把心清淨時，不管坐著躺著或轉靈，都自然可以感應接收他們的能量，然後做他們所牽引的動作，這些動作都是幫你打通氣脈，蓄積能量的動作，所以不管打坐或靈動或轉靈，天語靈語等都是跟隨靈源神尊的引導，也是靈修漸漸修成可以與神尊敏銳溝通的主要功課（熟悉並學會與靈溝通的過程），所以不要人家說靈語靈動都不懂在做甚麼，做他幹嘛？那是不懂的人在說的話，你還是要做你該做的功課，自有神尊的因緣可以讓你懂，也會有神尊指派的人來幫你，所以靈修不要活在別人的閒言閒語中，要相信自己與神尊互動的感覺。

後記　正接神尊與減法修行——說一下令旗的意義

應馬來西亞師兄的願，今天（二一〇年三月廿日）要將宮裡的兩支令旗空運過去，由於師兄的地方不方便請神尊，所以想到以令旗的方式比較簡單，宮中有六支令旗，每年都會隨著我們會靈到各宮廟參訪。據我所知，大馬那邊應該大部分也是跳童的方式，對於靈修的模式不是很了解，對沒有神尊形象的道場還不是很能接受，這是一般人心裡對神尊形象的投射不踏實，師兄有點困擾，跟師兄討論以後請示神尊，就以令旗替代，加上時間上需求，直接就請宮裡現有的令旗出門，能量也比較具足。

在我的概念裡，令旗就代表了神尊，也代表了神尊所帶領的天兵天將。如果是五營旗，當然就是帶兵馬，那一些道術法術裡的令旗，應該也是所謂的兵馬，所以常聽說去哪裡朝拜，那些神明派多少兵馬給他，這些應該都比較屬於武將神明的系統，如王爺千歲或某將爺，也比較屬於術法系統的說法。那在玉玄宮，令旗就代表神尊也代表神尊的能量，那是所謂的「令」的有形的表徵，就像古時候皇帝的聖旨或印信，即使皇帝沒有親臨，聖旨到就如同皇帝親臨，那是一種權力能量的表徵，那執行的就是天兵天將（禁衛軍），而不是一般的兵馬，所以旗在如神在，以禮敬之心待之即可。

靈修是一種自然法，這是玉皇一再的教誨，所以莫林桑與玉玄宮一直希望做到「滅法修行」，把儀式簡化再簡化，把往外企求靈力神力的心平伏下來，其實神力就在你心沉靜下來的哪一刻逐漸增強，「無所求則有所得，有所為則無所得」，因為這是「心跟靈」的角力場，是有形跟無形的角力場，一般人執著在有形象的人的作為，所以各種法會演化的排場一再的盛大隆重，一再的出奇變化，當然很吸引人，如果你心靜下來，可以看看「靈」是否如排場這樣豐盛？靈修很多都是無形無像，那有人卻可以看到所謂的無形界，如果把無形界看到的顯像實化，哪應該無可厚非，不要人為的一直去創造就好，心作用太強，靈就弱化了。

再來就是所謂的「正接神尊」，這是在我們靈修修行的過程很重要的概念，以前很多師兄姐來訪，她們到處會靈渡靈，但是很少人有「正接神尊」的概念，如果有這個概念，其實就不是會靈動會靈語就好這麼簡單了。因為動物靈來也會靈動，眾生外靈來也是會靈動靈語，所以傳統宮廟修法，常有人批評就是卡很多外靈動物靈甚麼的，其實都是被借用了。這個概念就是黑勢力要強迫你做甚麼事，就是綁架你恐嚇你，架著你做。那一般師長親友要你做會是一直勸說你，鼓勵你，引導你，差別就在這裡，所以外靈是干擾你或直接佔體，而神明則是引導你，你會感受那種氣場牽引的力量，而不是乩童附身的方式。

那我們靈修者要的是希望接收神尊的正能量，在修的過程中，難免會有做錯或被誤導的狀況，其實那都是過程，重點是要修正回來，有錯修正才叫做修行，不是一直都不做錯，所以卡外靈卡陰被干擾有時候只是過程，體質敏感者可以感受這個不舒適而尋求解決，而一般人（非靈修的人）則要到被干擾很嚴重了才知道要尋求幫助，所以往往就很難，或是沒有這種外靈干擾概念的，很多就被以精神疾病治療，要救回來就更難了。

所以在這邊強調「正接神尊」的概念，「正接神尊」就好像是一個準則，一個修正的依據，是因為這樣的依據，你才會知道哪邊需要修正。那怎樣判斷是否正接神尊？一個是能量來的舒適感，一個是靈動的動作，再一個是靈動完的感覺。其實我們看很多神尊神像或畫像，那些姿勢動作是憑空雕出來畫下來的嗎？不是的，那是畫師工藝師看到的顯像，所以看你的靈動你的姿勢比對一些神像的動作，你就知道是不是接神尊的動作。很多人到處點靈點主，點完以後開始卡靈，因為好像被啟靈了，但是往後靈動靈語卻又很奇怪，自己又不知對否？所以「正接神尊」是一個很重要的判斷依據，因為你的主神你的師尊一定會來教你，祂們來教你一定是祂們的動作，不會是動物的動作或是亂七八糟的比劃一通。很多人都被人說的卡靈嚇得不敢動，你可以把卡靈當作一個過程，做了知道卡靈請神尊處理一下就好，那也會訓練你的靈的敏感度，要知道，所有的錯誤都是來教你怎樣把事情做對的，沒有錯，怎麼對應你的對，重點是要知道錯，要多打坐，多對應神尊的能量。

國家圖書館出版品預行編目資料

人間修行（六）：正接神尊—擺渡者與外靈渡化／
莫林桑著. --初版. --臺北市：博客思出版事業網,
2021.12
面；　公分. --（心靈勵志；55）
ISBN：978-986-0762-08-2（平裝）

1.靈修

192.1　　　　110015737

心靈勵志 55

人間修行 (六)：正接神尊—擺渡者與外靈渡化

作　　者：莫林桑
主　　編：盧瑞容
美　　編：凌玉琳
校　　對：楊容容、沈彥伶
封面設計：陳勁宏
出　　版：博客思出版事業網
發　　行：博客思出版事業網
地　　址：台北市中正區重慶南路1段121號8樓之14
電　　話：(02)2331-1675或 (02)2331-1691
傳　　真：(02)2382-6225
E—MAIL：books5w@gmail.com或books5w@yahoo.com.tw
網路書店：http://bookstv.com.tw/
https://www.pcstore.com.tw/yesbooks/
https://shopee.tw/books5w
博客來網路書店、博客思網路書店
三民書局、金石堂書店
經　　銷：聯合發行股份有限公司
電　　話：(02) 2917-8022　　傳真：(02) 2915-7212
劃撥戶名：蘭臺出版社　　帳號：18995335
香港代理：香港聯合零售有限公司
電　　話：(852) 2150-2100　　傳真：(852) 2356-0735
出版日期：2021年12月初版
定　　價：新臺幣 280 元整（平裝）
ISBN：978-986-0762-08-2